黄道歐盟工作室
HUANG+JAUMANN

W0295633

Joanne Huang

China besser verstehen

Interkulturelle Annäherung –
Warum Chinesen anders denken und handeln

2. aktualisierte Auflage

„China besser verstehen“
Interkulturelle Annäherung – Warum Chinesen anders denken und handeln

Besuchen Sie uns im Internet: www.china-besser-verstehen.de

Zweite aktualisierte Auflage 2016
Erste Auflage 2010
Copyright © 2016 Joanne Huang
Alle Rechte vorbehalten. Nachdruck, auch in Auszügen, nur mit Genehmigung der Autorin
Herausgeber: Huang+Jaumann Wirtschaftsbüro, Augsburg
Internet: www.huang-jaumann.de
Umschlag- und Buchgestaltung: Jürgen Hefele (www.juergenhefele.com)
gesetzt aus der Leitura
Fotos: istockphoto.com (S. 1, 115, 138)
Druck und Bindung: Books on Demand GmbH
ISBN 978-3-00-029651-2
Printed in Germany

Inhalt

Einleitung

Wenn Unternehmer in den viel versprechenden chinesischen Markt einsteigen wollen, stellen sie oft ernüchtert fest: es gibt sie gar nicht, die internationale einheitliche Hauptsprache des Wirtschaftsdenkens. Vielmehr kommen die kulturellen Unterschiede gerade im Wirtschaftsbereich voll zum Tragen.

Eine Reihe von Verhaltens- und Denkweisen chinesischer Partner sind unserem Kulturkreis völlig fremd. Wer sie kennt, kann auf bestimmte Situationen angemessen reagieren. Er vermeidet, dass es mitten in den erfolgreichsten Verhandlungen zu unerwarteten Konflikten kommt und kann im chinesischen Markt nachhaltig Fuß fassen.

Manager, die mit Chinesen erfolgreich zusammenarbeiten, verstehen deren anderes Denken und Fühlen. Sie nutzen diesen Wissensvorsprung. Sie kennen die spezifisch chinesische Herangehensweise bei der Koordination von Prozessen und stimmen ihre Planungen daraufhin ab. Außerdem können sie zwischen den Zeilen lesen und beherrschen die Sprache des Nichtgesagten.

Diese Verhaltens- und Denkweisen möchte Ihnen dieses Buch näher bringen.

Auf die Feinheiten achten

China als ein Land wie Deutschland oder Frankreich zu betrachten, entspricht nicht dem wahren Verhältnis. China ist eine eigene Welt mit einer Einwohnerzahl (1,367 Milliarden) von fast 20 Prozent der Weltbevölkerung (rund 6,7 Milliarden) und einer Fläche (9.571.302 km^2) vier mal größer als die Europäische Union (4.324782 km^2) oder 27 mal die Fläche Deutschlands (357.104 km^2). Das Staatsgebiet gliedert sich in 22 Provinzen (ohne Taiwan) und fünf autonome Gebiete. Peking, Shanghai, Chongqing und Tianjin sind die vier regierungsunmittelbaren Städte, die direkt der Zentralregierung in Peking unterstehen. Weiterhin gibt es noch zwei Sonderverwaltungszonen (Hongkong und Macao)[1], die sich wirtschaftlich und teilweise ideologisch unterschiedlich entwickeln. Chinas Administrations-Spektrum ist mit der Europäischen Union zu vergleichen.

Während die Großstädte in Festlandchina wie Peking, Shanghai, Wuhan, Shenzhen, oder Chongqing in rasantem Tempo wachsen,

1) Wikipedia, 2015, https://de.wikipedia.org/wiki/Volksrepublik_China, abgerufen am 23.09.2015

ist im Gegensatz dazu das ländliche China immer noch unterentwickelt. In China lassen sich viele Extreme und Widersprüche gleichzeitig entdecken: Moderne vs. Rückstand, Reichtum vs. Armut, Tradition vs. Verwestlichung, Rücksichtnahme vs. Rücksichtslosigkeit, sowie staatliche Zensur vs. Gesetzlosigkeit. China befindet sich im Sturm der Umorientierung und lässt sich nicht mit einem Maßstab messen.

Die Bezeichnung „die Chinesen" beinhaltet allgemein alle chinesischstämmigen Weltbürger. Jedoch gibt es feine Unterschiede zwischen „den Chinesen". Die Menschen in Festlandchina, Hongkong, Macao, Taiwan, Singapur und in den „China-Towns" weltweit unterscheiden sich in Denken und Verhalten aufgrund des unterschiedlichen politischen und gesellschaftlichen Umfelds deutlich voneinander. Hongkong, Macao und Taiwan mit China in einen Topf zu werfen oder gar zu verwechseln ist für die „kleinen" Gebiete ein großes Fettnäpfchen. Für Festlandchinesen ist es aufgrund der nationalistischen Propaganda der Regierung eine klare Sache, dass sich das Hoheitsgebiet Chinas westlich von Xinjiang bis östlich der Insel Taiwan erstreckt. Hongkong und Macao gehören zwar seit 1997 bzw. 2000 wieder zu China, jedoch freut es die Bewohner Hongkongs und Macaos überhaupt nicht, mit Festlandchinesen verwechselt zu werden. Daher bezeichnen sie sich selbst lieber als Hongkongchinesen bzw. Macaochinesen. Taiwan findet international kaum politische Anerkennung, bewahrt aber in politischer und wirtschaftlicher Hinsicht seine Selbstständigkeit. Trotz der Schwierigkeiten auf internationaler Ebene bleiben die Einwohner Taiwans politisch und ideologisch eigenständig.

Abgesehen von den geschilderten Unterschieden haben alle „Chinesen", unabhängig vom Wohnsitz, eine Gemeinsamkeit – die kulturelle Wurzel. Diese gemeinsame, kulturelle Herkunft verbindet sie, da sich die kulturelle Prägung in der Mentalität sowie in bestimmten Verhaltens- und Kommunikationsweisen deutlich widerspiegelt, und sie von anderen Kulturen abgrenzt. Hongkongchinesen, Taiwanesen und Übersee-Chinesen sind einerseits verwestlichter und erkennbar von der abendländischen Kultur geprägt. Andererseits halten sie an traditionellen Werten und Normen des „alten" China noch stärker fest als die Einwohner des Festlandes. Aus diesem Grund haben die im Westen allgemein als „typisch chinesisch" bezeichneten Denk- und Verhaltensweisen in den chinesischen Gemeinden weltweit Gültigkeit.

Dieses Buch behandelt die universell chinesischen Eigenschaften und Gepflogenheiten. Um die Erklärungen zu vereinfachen, werden hauptsächlich die verallgemeinernden Ausdrücke „China“ und „Chinesen“ verwendet. Im Falle großer Unterschiede werden Hongkong und Taiwan spezifisch benannt.

Ziel und Struktur des Buches

Der Kernpunkt dieses Buches ist die Mentalitätsannäherung zwischen Deutschland und China mit der Zielsetzung, eine gute Zusammenarbeit zu gewährleisten. Die ausgesuchten Arbeitsthemen wie Kennenlernen, Hierarchie, Geschenktradition, und, nicht zu vergessen, Essen und Trinken in der Geschäftswelt Chinas, werden umfangreich behandelt. Unter dem Motto „richtig verstehen und danach handeln“ werden neben kulturspezifischen Besonderheiten der Geschäftswelt die Hintergründe der Geschäftsgepflogenheiten und außerdem die Denklogik und die dazugehörigen Handlungsgrundsätze der Chinesen ausführlich dargestellt.

Das Buch erklärt nicht nur, wie man bei einer Geschäftsanbahnung mit Chinesen vorgehen sollte, sondern erläutert schwerpunktmäßig, warum Chinesen immer noch an ihren althergebrachten Verhaltensweisen festhalten. Es erklärt die Werte und Normen in den heutigen chinesischen Gesellschaften sowie die Erwartungshaltung der Chinesen an die ausländischen Partner.

Weiterhin werden die Sachverhalte des gesellschaftlichen und geschäftlichen Geschehens aus chinesischer Perspektive zur Diskussion gestellt. Eine Erweiterung des Blickwinkels ermöglicht es, Chinesen besser zu verstehen. Dieses Verständnis wiederum verleiht die Fähigkeit, sich in China angemessen zu verhalten und adäquat mit Chinesen umzugehen.

Zahlreiche Beispiele aus der Praxis, umfassende Erfahrungsberichte aus China und Deutschland, konkrete Tipps, hilfreiche Handlungsempfehlungen sowie praxisbezogene Übungen sind Bestandteil des Buchs und unterstützen den Leser dabei, die gewonnene Erkenntnis in konkretes Handeln umzusetzen.

In diesem Buch werden unter anderem folgende Fragen beantwortet:

- Wie können gute Geschäftsbeziehungen mit Chinesen entwickelt

und erhalten werden?
- Welche Besonderheiten sollten bei der Geschäftsabwicklung mit Chinesen beachtet werden?
- Wie können Sie die Handlungsweise Ihrer chinesischen Partner besser verstehen?
- Wie ist die Denkweise der Chinesen?
- Was erwarten chinesische Geschäftsleute von ihren deutschen Partnern?
- Wo liegen die potentiellen Konfliktbereiche?

Das Buch bietet keine Rezepte und ist auch kein Allheilmittel, mit dem Sie wie mit Zauberhand sofort alle Peinlichkeiten vermeiden, oder flink und mit minimalem Einsatz erfolgreiche Kontakte mit chinesischen Geschäftspartnern herstellen. Interkulturelle Kompetenz will erlernt sein und verstärkt sich mit der Zeit und wachsender Erfahrung – ein Vorteil für alle Leser, die sich bemühen, China besser zu verstehen. In diesem Sinne – viel Spaß mit diesem Buch!

1. Kennenlernen auf chinesisch – der erste Geschäftskontakt

- Eine neue Art des Kennenlernens – die Methode des „Sich-Annäherns"
- Historische und mentalitätsbedingte Hintergründe
- Der Annäherungsversuch
- Wie wichtig ist dieses Ritual für deutsche Geschäftspartner?
- Erweiterung des Handlungsspielraums
- Selbstschutzfunktion
- Wie viel Zeit sollte man einbringen und wie verhält man sich?
- Gesprächsthemen beim ersten Treffen
- Annäherung durch Schriftverkehr
- Handlungsempfehlung
- Übungen

Eine neue Art des Kennenlernens – die Methode des „Sich-Annäherns"

Viele deutsche Vertriebsexperten, die in China aktiv sind, haben über ihre Erfahrungen berichtet. Der Aufbau einer Geschäftsbeziehung dauert in Fernost wesentlich länger als in Deutschland. Das Besondere dabei ist, dass sich Chinesen beim ersten persönlichen Gesprächskontakt mehr für die Person des ausländischen Partners als für die Geschäfte interessieren. Sie stellen Fragen, die eigentlich nichts mit dem Geschäftlichen zu tun haben. Eine halbe Stunde oder auch eine Stunde verstreicht, und die Gesprächthemen scheinen nur wenig mit dem eigentlichen Zweck des Treffens zu tun zu haben. Jegliche Versuche der deutschen Besucher, das Gespräch auf den Punkt zu bringen, scheitern.

In Deutschland ist ein Gesprächstermin vergleichsweise effizient und kurz. Beim ersten Treffen kommt man gleich zum Wesentlichen. Die Besprechung muss konstruktiv und informativ sein, andernfalls wird sie sehr schnell beendet. Deutsche Unternehmer bewundern zwar die Kommunikationsfreude der Chinesen, jedoch finden sie deren zweckfremdes Verhalten verwirrend. Manche gewinnen den Eindruck, dass Chinesen alle Zeit der Welt haben. Über Japan und Korea wurde Ähnliches berichtet. Zeit ist aber genau der Faktor, den man auf Geschäftsreise im Ausland nie hat. Ständig steht man unter Zeit- und Leistungsdruck und man nimmt an, dass das auch für chinesische Geschäftsleute zutreffen sollte.

Ist diese Hinhaltetaktik eine asiatische Schlitzohrigkeit, um den ausländischen Geschäftspartner absichtlich unter Druck zu setzen und um sich Vorteile zu verschaffen, oder stecken spezielle Gründe dahinter? Was wollen die asiatischen Gesprächspartner wirklich damit bezwecken?

Chinesen sind gute Geschäftsleute. Um sich durchzusetzen und die Verhandlungen zu ihren eigenen Gunsten zu lenken, gehören taktische Manöver ihrem Verständnis nach zum Geschäft. Beim Erstgespräch ist Taktik allerdings nicht vorrangig, da noch keine Geschäftsverhandlungen anstehen. Zudem gibt es anfangs auch keinen Grund, die Gäste absichtlich zu provozieren. Chinesen sind vielmehr in der Regel bemüht, Besucher mit großer Gastfreundschaft und Höflichkeit zu betreuen, ein Verhalten, das für Europäer häufig zu viel des Guten ist.

Die oben geschilderte anfängliche Plauderei ist in China kein übertriebenes Verhalten, sondern ein wichtiges Geschäftsgebaren. Bevor sich ein Chinese in ein Geschäft mit unbekannten Menschen einlässt, nimmt er sich so viel Zeit wie nötig, den Fremden im wahrsten Sinne des Wortes persönlich kennen zu lernen. Im Laufe eines oder, wenn nötig, mehrerer freundschaftlicher Treffen werden Informationen ausgetauscht. Die Gespräche finden in einer lockeren und ungezwungenen Form statt und umfassen gewöhnlich neben geschäftlichen auch viele „private" Themenbereiche.

Allmählich kommen sich die zukünftigen Geschäftspartner näher und bauen ein wechselseitiges Verständnis für einander auf. Dadurch wird es wesentlich erleichtert, eine gemeinsame tragfähige Geschäftsbasis zu finden.

Historische und mentalitätsbedingte Hintergründe

Die zeitraubende Annäherungsmethode im Geschäftsalltag wird von allen Chinesen mit großer Behutsamkeit beachtet und praktiziert. Die Entstehung dieses langwierigen Kennenlern-Rituals hat historischen Ursprung. Basierend auf dem Hintergrund einer 5000-jährigen Geschichte versteht sich China neben Indien als Träger der ältesten, bis in die Gegenwart fortbestehenden Kultur der Welt. Seit ähnlich langer Zeit übten die Chinesen zuerst fleißig Tausch- und später Handelsgeschäfte aus. Aus dieser langjährigen Erfahrung in der Wirtschaft haben sie eine wichtige Lektion gelernt: Die Geschäftswelt ist ein gefährlicher Bereich, in dem es gute, aber auch heimtückische Menschen gibt. Daher wäre es leichtsinnig, Fremden blind zu vertrauen, insbesondere wenn es um Geschäfte geht.

Weitere Faktoren, die das Leben der Bürger erschweren, sind die kaum zu beseitigende Korruption sowie ungenügender Rechtschutz im Land.

Da sie sich zu keiner Zeit auf die staatliche Obrigkeit verlassen konnten, mussten sie auf eigene Faust agieren, um sich vor Intrigen und Unrecht zu schützen. Unzählige Male hatten ihre Vorfahren schlechte Erfahrungen gemacht, und es lässt sich auch schwer ermessen, wie viel Lehrgeld sie innerhalb dieser langen Zeit bezahlen mussten. Aus dem reichlich bitteren Erfahrungsschatz entwickelten die Chinesen zum Selbstschutz einen Abwehrmechanismus, den sie wie ein Ritual unermüdlich ausüben. Dieses wird wie eine Weisheit von Eltern an Kinder, von Älteren an Jüngere und von Generation zu Generation weitergegeben.

Eine Grundregel des Rituals ist es, gleich am Anfang des geschäftlichen Zusammentreffens den Anderen genau unter die Lupe zu nehmen. Die beste Gelegenheit dazu bietet das persönliche Kennenlernen, bei dem man sich ein Bild über den Gesprächspartner machen und zugleich prüfen kann, wie seriös und vertrauenswürdig die betreffende Person ist.

Natürlich lässt sich die Persönlichkeit eines Menschen nicht in so kurzer Zeit ergründen. Dennoch reduziert dieser Schritt zumindest das Risiko und schafft die Grundlage für eine gewisse Sicherheit.

Stellt man Unsicherheiten fest oder wittert man Gefahr, kann man sich rasch unter einem Vorwand zurückziehen, ohne den Anderen das Gesicht verlieren zu lassen. Häufig angewandte Vorwände sind beispielsweise: „Der Zeitpunkt ist ungünstig“; „Es gibt gewisse Schwierigkeiten, die zur Zeit noch nicht lösbar sind“; „Lassen Sie uns zu einem späteren Zeitpunkt darüber reden“ oder: „Wir müssen noch das Projekt bzw. die Lage auswerten“.

Man wird situationsbedingt ohnehin oft zu Handlungen gezwungen, die man eigentlich gar nicht durchführen will. Es kommt auch vor, dass man mit jemandem zusammenarbeiten muss, den man als unseriös einstuft. Die Kennenlern-Methode ist in diesem Fall wichtiger denn je, da sie der frühzeitigen Gefahrenerkennung dient und Vorsicht weckt. Man kann dabei den Anderen in Ruhe beobachten und einschätzen und sich auf den bestmöglichen Umgang mit ihm einstimmen. Damit schützt man sich selbst sowie die Firma.

Über die Jahrtausende hinweg ist das Kennenlern-Ritual ähnlich einer genetisch bedingten Verhaltensweise dem chinesischen Volk in Fleisch und Blut übergegangen. Es wird automatisch praktiziert, nicht nur um eine Vertrauensbasis zu schaffen, sondern auch um die Harmonie in der chinesischen Gesellschaft aufrecht zu erhalten.

Der Annäherungsversuch

Es ist nicht von Anfang an vorhersehbar, wie lange ein solches Kennenlern-Ritual dauert und wie oft es wiederholt wird. Meist hängt es von der „Wellenlänge" zwischen zwei Gesprächspartnern ab. Versteht man sich gut, verkürzt sich dieser Prozess. Bringt man eine gute Empfehlung mit, ist es auch leichter, anfängliche Barrieren abzubauen. Findet man nach einigen Versuchen sich gegenseitig ‚abzutasten' immer noch keinen Zugang zum chinesischen Gesprächspartner, deutet das darauf hin, dass sein Interesse gering ist.

Wie lässt sich generell feststellen, ob ernsthaftes Interesse vorhanden ist? Verlassen Sie sich nicht ausschließlich auf verbale Aussagen, sondern achten Sie besonders auf bestimmte Signale oder Handlungen. Chinesen neigen dazu, schwammig zu formulieren, insbesondere im Fall einer Ablehnung. Für viele Europäer ist es problematisch, bei chinesischen Partnern die Mehrdeutigkeit von einfachen Worten wie „Ja" und „Nein" zu erfassen. Dafür benötigt man viel Fingerspitzengefühl und eine ausgeprägte Wahrnehmungsfähigkeit.

Grund für die schwammige Formulierung ist der Versuch, die Harmonie sowie den entstandenen Kontakt zu wahren. Es könnte diverse Gründe geben, warum das Geschäft oder eine Zusammenarbeit nicht zustande kommen kann. Dies sollte aber kein Grund sein, deswegen auch die Kontakte abzubrechen (生意不成.人情在). Darum bemühen sich Chinesen bei ihrer Wortwahl vorsichtig zu sein, damit sich das

Gegenüber trotz der Absage nicht unwohl fühlt.

Generell gibt es einige Indizien, die gute Hinweise liefern. Wird beispielsweise im Meeting eine Vereinbarung oder ein Plan für weitere Vorgehensweisen ausgearbeitet, ist das Interesse groß. Wurde keine Vereinbarung getroffen, aber man hört anschließend immer wieder vom chinesischen Partner, deutet dies darauf hin, dass grundsätzlich Interesse besteht. In diesem Fall sollte man eine weitere Sitzung sowie eine baldmöglichste Einladung planen. Hört man aber nach dem Treffen nichts mehr von dem Anderen, deutet dies darauf hin, dass kein Interesse besteht.

Grundsätzlich können Sie Ihren Ansprechpartner nach dem Besuch behutsam um seine Meinung bitten. Stellen Sie dabei keine „Ja-Nein"-Fragen; formulieren Sie die Fragen vielmehr offen. Beispiele dafür wären:

„Wie finden Sie unsere Vorschläge?"

„In wie weit besteht seitens Ihrer Firma grundsätzliches Interesse an einer Zusammenarbeit mit uns?"

„Wie stellen Sie sich den Arbeitsplan vor?"

Bei vielversprechenden Geschäften, die Dringlichkeit haben, drücken die Chinesen auch mal ein Auge zu und ersparen sich vorab die Formalitäten. Das Kennenlern-Ritual wird trotzdem nebenbei oder hinterher nachgeholt, denn erst danach bildet der Kontakt ein harmonisches Ganzes.

Wie wichtig ist dieses Ritual für deutsche Geschäftspartner?

Beabsichtigen Sie, Geschäfte langfristig abzuwickeln und bleibende Kontakte herzustellen? Möchten Sie Ihre Arbeit so reibungslos wie möglich erledigen? Dann sollten Sie grundsätzlich ihr eigenes Kontaktnetzwerk aufbauen und dieses Kennenlern-Ritual ernst nehmen. Dieses ist Ihre persönliche Angelegenheit, für die keiner außer Ihnen zuständig ist, und die niemand für Sie übernehmen wird. Es spielt keine Rolle, ob Sie in China verkaufen oder einkaufen, Jointventure führen oder eine Niederlassung leiten. Es ist unwichtig, ob Sie als Techniker zu Reparaturarbeiten nach China fliegen, oder ob Sie chinesische Mitarbeiter bzw. Handelsbeauftragte vor Ort haben, die bereits gute Kontakte zu Kunden aufgebaut haben. Sie müssen sich persönlich um den Aufbau dieses Kontaktnetzwerks kümmern.

Erweiterung des Handlungsspielraums

Die Hauptunterschiede in der Art und Weise, wie Geschäfte angebahnt werden, liegen wohl darin, dass Westen und Osten ein unterschiedliches Verständnis bezüglich der Bestandteile einer Transaktion haben. In der Geschäftswelt Deutschlands steht das Objekt „Geschäft" sehr dominant im Vordergrund. In Asien ist der Faktor „Mensch" genau so wichtig, manchmal sogar wichtiger. Wenn man Geschäft als Hardware bezeichnen würde, wären Menschen hier die Software. Geschäft und Mensch sind untrennbar.

Diese alte chinesische Weisheit sollten sich alle in China Tätigen zu Herzen nehmen. Spielen Sie mit und lernen Sie von den Chinesen. Lassen Sie sich darauf ein; nicht nur weil es den Chinesen wichtig ist, sondern weil es auch Ihnen nützen wird und für Sie Wichtiges beinhaltet. Planen Sie daher im Voraus genügend Zeit ein für Ihre China-Reisen und nehmen Sie sich nicht zu viel für den ersten Besuch vor.

Nutzen Sie Ihren Aufenthalt auch dazu, die asiatisch sanfte Art im Umgang mit Mitmenschen zu beobachten und zu lernen. Diese Fähigkeit wird für Sie nicht nur in China, sondern in ganz Asien von großem Nutzen sein. Mit dieser Fähigkeit verschaffen Sie sich einen größeren Bewegungsfreiraum und erweitern zugleich Ihren Handlungsspielraum.

Vielen chinesischen Geschäftsleuten ist mittlerweile die westliche Art der sachlichen Verhandlungsweise bekannt. Prinzipiell finden sie sie gut und effizient. Aber sie haben trotzdem Probleme, sich wirklich damit anzufreunden. Ein erfolgreicher Geschäftsführer aus Taiwan erwähnte in einem Interview, dass er es vorzöge, seine Verhandlungspartner nicht zu kennen. Mit Fremden könne er besser feilschen.

„Wollen Sie die Anderen wirklich nicht kennen lernen?" fragte der Moderator.

„Ach, ein bisschen könnte man sich wohl doch näher kennen lernen - sonst ist das Verhältnis zu kalt", meinte der tüchtige Geschäftsmann.

Selbstschutzfunktion

Die Sicherheitsmaßnahme des Kennenlernens ist immer von Nutzen. Bedenken Sie auch, dass es in China neben vielen anständigen Leuten auch Profitjäger gibt, die auf schnellem Weg an fremdes Kapital und Know-how kommen möchten. Nicht selten bekommen ausländische

Investoren vielversprechende Angebote aus China. Der Anbieter verspricht üblicherweise großen Umsatz auf dem riesigen, chinesischen Markt und einen schnellen Einstieg durch seine „umfangreichen" und „guten" Kontakte. Hoffnungsvoll gehen daraufhin viele ausländische Firmen mit wohlgefüllten Geldkoffern und wertvoller Technologie nach China und kommen mit leeren Händen zurück.

Die am Schwersten zu bewältigenden Hindernisse bei China-Geschäften sind die unklare und sich ständig ändernde Gesetzgebung, die für Ausländer oft schwer durchschaubaren Spielregeln und Absprachen, sowie ungenügender Zugang zu wichtigen Informationen. Tatsache ist, dass Sie im Ausland auf Grund der Sprache und der fremdartigen Geschäftsgepflogenheiten nicht so flexibel sein können wie in Deutschland. Wenn Sie mit einem schwierigen oder falschen Partner zusammen arbeiten, kann es passieren, dass Sie von wichtigen Kunden fern gehalten, nicht vollständig und korrekt informiert werden, oder gar, wenn Ihr Partner genug gelernt bzw. ‚abgezockt' hat, nach einiger Zeit der Zusammenarbeit aus dem Geschäft verdrängt werden.

Daher ist es zu Ihrem eigenen Schutz wichtig, die wahren Absichten Ihres Partners frühzeitig zu erkennen. Berücksichtigen Sie also besser die alte chinesische Weisheit, Vorsichtsmaßnahmen zum Selbstschutz zu treffen. Der Ruf der Chinesen ist ebenso seriös und vertrauenswürdig wie der der Deutschen. Finden Sie also die richtigen Partner. Manche Chinesen verbergen ihre wahren Absichten gerne hinter einer schönen, großen Fassade. Sehen Sie hinter diese Fassade, finden Sie heraus, wie viel Substanz tatsächlich vorhanden ist, und welche Inhalte solide und seriös sind. Manche Firmen stellen ein außerordentlich großzügiges Budget für die anfängliche Kunden-/Partnerbetreuung zur Verfügung. Neben unzähligen Essenseinladungen und Ausflügen übernehmen sie auch noch klaglos alle Kosten Ihres Aufenthalts. Das machen sie nicht umsonst und uneigennützig. Wenn Sie das nicht möchten, buchen Sie Flüge und Hotels selbst und im Voraus - damit vermeiden Sie unerwartete Unannehmlichkeiten. Esseneinladungen und kleine Geschenke dürfen Sie ruhig annehmen.

Für eine gelungene Zusammenarbeit ist es entscheidend, von Anfang an und in beiderseitigem Einvernehmen ein tragfähiges Arbeitsmodell auszuarbeiten. Es mag sein, dass der gemeinsame Konsens nicht immer einfach ist. Dadurch können Sie jedoch eine dauerhafte Geschäftsbeziehung sicherstellen und viele vermeidbare Konflikte im Vorfeld aus dem Weg räumen. Der Weg zum Konsens ist gepflastert mit viel intensiver Kleinarbeit und ständigen Rück- und Absprachen. Träumt einer der Partner nur von einem unrealistisch großen ‚Kuchen' und ist nicht in der Lage, konkret zu agieren, dann ist vielleicht eine rechtzeitige Trennung sinnvoll. Agieren Sie in China aktiv, isolieren Sie sich nicht, und lassen Sie auch nicht zu, isoliert zu werden. Es zählt dabei, was für Sie von Vorteil ist: Sie müssen in China nicht alles mitmachen, was Einheimische von Ihnen erwarten. Ein schlauer Chinese würde sich auch einen möglichst großen Spielraum offenhalten. Ausländer genießen im Vergleich mehr Bewegungs- bzw. Entscheidungsfreiheit als Einheimische, weil Druck und Erwartungshaltung den eigenen Landsleuten gegenüber größer sind. Nehmen Sie sich soviel Zeit wie nötig, und überlegen Sie sich in aller Ruhe mögliche Vorgehensweisen. Dazu bietet das chinesische Kennenlern-Modell den besten Handlungsspielraum.

Übung:

Eine chinesische Firma aus der Provinz Henan, die sich für eine teure Maschine im Wert von 100.000 EURO interessiert, hat Kontakt mit Ihrem Unternehmen aufgenommen. Der Kunde wünscht sich, Sie persönlich kennen zu lernen, um über Details der Maschine sprechen.
Sie fliegen zum Kundenbesuch nach China und werden herzlich empfangen. Sie werden durch die Firma geführt und abends zum Essen in teure Restaurants eingeladen. Die Verhandlungen gehen soweit reibungslos über die Bühne.
Ihre Kontaktperson deutet an, dass Sie dem Geschäftsführer sowie weiteren wichtigen Mitarbeitern kleine Geschenke machen sollten. Seiner Empfehlung nach wären einige rote Umschläge angemessen, die jeweils zwischen hundert und dreihundert Euro enthalten. Bei einem feierlichen Essen überreichen Sie den Schlüsselpersonen vor allen Anwesenden die Geschenke.
Wie beurteilen Sie diese Situation?
Versuchen Sie zuerst, die Lage selbst einzuschätzen. Denken Sie nach, was Sie unternehmen würden, ohne die Erklärung vorher zu lesen.

Erklärung:

Meldungen über Betrugsfälle aus China sind heutzutage keine Seltenheit. Anfänglich suchten die chinesischen Betrüger ihre Opfer hauptsächlich

im Inland. Später entdeckten sie einen neuen Markt im Westen – bei den ‚Langnasen'. Einige ausländische Firmen waren Zeitungsberichten zufolge den Betrügern bereits zum Opfer gefallen. Einige Indizien in der geschilderten Geschichte deuten darauf hin, dass in diesem Fall ebenso ein Betrug vorliegt. Es ist eine Höflichkeitsgeste in China, bei Besuchen kleine Geschenke mitzunehmen. Jedoch ist es keine Verpflichtung und in keinem Fall darf es Geld sein. Im obigen Fall scheint es auch nicht um Bestechung zu gehen. Üblicherweise ist Schmiergeld für das untere oder mittlere Management oder für die Kontaktperson bestimmt.
Ein Geschäftsführer bzw. ein Firmeninhaber würde kaum Schmiergeld annehmen, denn ihm ist nur daran gelegen, billiger einzukaufen.
Außerdem findet Bestechung normalerweise unter der Hand statt.
Die Übergabe von Schmiergeldern bei einer öffentlichen Feier ist lediglich ein inszeniertes ‚Affentheater'.
In vielen der gemeldeten Fälle gaben die Betrugsprofis beim Angeln nach Opfern vor, an einer nicht zu geringfügigen, aber auch nicht zu kostspieligen Bestellung interessiert zu sein. Es wurden durchaus schon Verträge ordnungsgemäß unterzeichnet, nur um dem Geschäft einen scheinbar seriösen Anstrich zu verleihen. Sobald jedoch der Besucher China verlassen hat, hört er nie wieder von der Firma. Der Aufwand einen internationalen Prozess zu führen, ist für Ausländer ein teurer Spaß. Zudem müsste das Opfer zuerst einmal den Betrüger finden, um Anzeige erstatten zu können. In solchen Fällen sollte man sich lieber nicht auf die örtliche Polizei verlassen. Ein chinesischer Geschäftsmann aus Dongquan, Guangdong/China, wurde von seinem Mitarbeiter um eine große Summe betrogen. Er erstattete bei der Polizei eine Anzeige gegen den Mitarbeiter, der angeblich in eine andere Provinz geflüchtet war. Der für den Fall zuständige Polizist fragte ihn, worauf er denn warte? Warum mache er sich denn nicht selbst auf den Weg, um nach dem Betrüger zu suchen? Langsam überlegt sich der Geschäftsmann ernsthaft, dunklere Kanäle wie die Triaden einzuschalten.

Wie viel Zeit sollte man einbringen und wie verhält man sich?

Beim ersten Treffen ist es empfehlenswert, die erste halbe Stunde dazu zu nutzen, sich in aller Ruhe mental den Partnern anzunähern. Nach chinesischer Sitte wird, wie bereits erwähnt, viel ‚Small Talk' geführt. Zeigen Sie Ihr Interesse an den Personen, die vor Ihnen sitzen oder stehen. Demonstrieren Sie Ihre Seriosität und bemühen Sie sich, wie die chinesischen Gastgeber, eine angenehme und harmonische Atmosphäre aufzubauen. Wenn das Gespräch länger dauert, zeigen Sie auf keinen Fall Ungeduld. Sie sind der Gast. Lassen Sie zuerst den Gastgeber nach seiner Art den Gesprächsablauf steuern. Unterschätzen Sie solchen ‚Small Talk' nicht. Oft erweist sich der erste Kontakt als repräsentativ für den Spannungs- bzw. Entspannungsgrad einer Geschäftsbeziehung. Wenn die Partner nicht wirklich Seite an Seite zusammen arbeiten können, tauchen später möglicherweise Konflikte durch vermeidbare Missverständnisse und Fehlinterpretationen auf. Planen Sie deshalb Ihren Besuchsablauf zeitlich nicht zu eng. Investieren Sie lieber schon im Vorfeld etwas mehr Zeit, um den Partner gleich von Anfang an etwas näher kennenzulernen. Dies erspart Ihnen insgesamt Zeit und Aufwand. Es ist in jedem Fall ein wichtiger Schritt, eine oberflächliche Bekanntschaft zu einer funktionierenden Geschäftsfreundschaft zu entwickeln.

Haben Sie die Prüfung bestanden, kommen Chinesen nach diesem Einweihungsritual öfter gleich zu Sache und zwar in einem für Deutsche ungewöhnlich hektischen Tempo, so als ob sie keine Zeit mehr zu verlieren hätten. Dies ist ein weiteres Signal für großes Interesse. Das Eis ist gebrochen, jetzt wird gearbeitet.

Chinesen betrachten einen harmonischen Kontakt nicht nur als wichtigen Faktor für bestehende Geschäfte, sondern auch als nützlichen Ausgangspunkt für eventuelle weitere Geschäfte zu einem späteren Zeitpunkt. Eine Annäherung braucht Zeit, um Vertrauen entstehen zu lassen. Vertrauen ist der Anfang jeglicher weiteren Entwicklung. Jede dahin gehende Bemühung Ihrerseits wird auf jeden Fall geschätzt, und Sie werden dadurch als seriöser Ansprechpartner wahrgenommen.

Manchmal kann ein Geschäftsgespräch auch in die Länge gezogen werden, insbesondere wenn der Annäherungsversuch positiv verläuft. Chinesen sehen in Anwesenheit von Besuchern aus Höflichkeit nie auf die Uhr. Wenn Sie das Gefühl haben, dass ein Meeting langsam zum Ende kommt, dann nehmen Sie so höflich Abschied wie in Deutschland. Eine Dankes-Email an den Gastgeber nach Ihrer Rückkehr hinterlässt auch einen guten Eindruck.

Bei Technikern verläuft ein solches Einführungsgespräch kürzer als bei Wirtschaftskräften, weil Maschinen kein zusätzliches Vertrauen benötigen, um gebaut oder wieder zum Funktionieren gebracht zu werden. Allerdings sind Techniker im Einsatz öfter auf die Unterstützung chinesischer Kollegen angewiesen. Verbringen Sie also ein wenig Freizeit mit ihnen oder trinken Sie auch mal ein Bier miteinander. Anfänglich könnten sich die chinesischen Techniker aufgrund der Sprachbarriere etwas distanziert verhalten, aber sie freuen sich in jedem Fall über Ihre Freundlichkeit. Sie werden selbst erleben, wie sie Ihnen später entgegenkommen und Ihre Angelegenheit und Ihr Problem wie ihr eigenes behandeln.

Gesprächsthemen beim ersten Treffen

Die passenden Themen in der ersten halben Plauderstunde sind beispielsweise Auskünfte über die Firma, Position und Entscheidungsbefugnis innerhalb der Firma, das Land und die Branche als Einstieg. Die zweite Stufe der Annäherung beinhaltet Themen über sich selbst, den Familienstand, die (Aus)Bildung bzw. die beruflichen Qualifikationen und ähnliche Bereiche. Es hängt dabei alleine von Ihnen ab, wieviele Informationen Sie preisgeben möchten, und bis zu welchem Grad Sie Einblick in Ihre Firma gestatten wollen. Sollten Ihnen die gestellten Fragen zu indiskret erscheinen, müssen Sie sie nicht beantworten. Bleiben Sie ‚cool' und lenken Sie die Themen unauffällig in eine andere Richtung.

Wenn der Gesprächstoff ausgeht, erzählen Sie einfach von Ihren Eindrücken über China, die Reise dorthin, plaudern Sie über chinesisches Essen oder ähnliches.

Vermeiden Sie negative Themen, die zu Gereiztheit oder Missverständnissen führen könnten.

Sie haben genug über sich erzählt? Sie wissen über die Person Ihres Gegenübers noch nicht viel? Dann stellen Sie Fragen. Zeigen Sie ihm, dass Sie interessiert sind, ihn kennen zu lernen und hören Sie genau zu. Oft findet man während des Gesprächs Gemeinsamkeiten, die zwei Menschen verbinden wie zum Beispiel Hobbys, woraus sich eine wunderbare Freundschaft entwickeln kann.

Annäherung durch Schriftverkehr

Für all diejenigen, die China nicht besuchen, aber regelmäßig mit

Chinesen Kontakt pflegen, hat solch ein Kennenlernen große Bedeutung. Genauso wichtig wie für reisende Manager ist es für Sachbearbeiter und SekretärInnen, den täglichen Geschäftsablauf stressfrei und planmäßig abzuwickeln und wichtige Auskünfte, wie beispielsweise das Nicht-Einhalten von Lieferterminen sowie andere unerwartete Probleme rechzeitig zu erfahren. Sie sehen die Personen zwar nicht, die auf der anderen Seite vom Netz bzw. Telefongerät sitzen, aber Sie kommunizieren und arbeiten eng mit ihnen zusammen.

Wie ist ein Kennenlernen durch Schriftverkehr oder Telefongespräche möglich? Stellen Sie es sich wie eine Brieffreundschaft vor. Haben Sie beim Emailwechsel mit Kollegen in Fernost bemerkt, wie ein Schreiben begonnen wird? Wie oft werden Sie „How are you“ gefragt? Diesen Satz schreibt man üblicherweise, wenn man einander noch fremd ist, oder wenn man einige Zeit nichts voneinander gehört hat. Ergreifen Sie im ersten Fall die Initiative und stellen Sie sich kurz vor. Die üblichen Angaben sind der Name, die Position und eine Floskel, die gute Wünsche und Ihre Freude darüber ausdrückt, in Zukunft mit Ihrem Ansprechpartner zusammen zu arbeiten. Chinesen wechseln die Arbeit häufig. Es kann sein, dass Sie immer wieder einen neuen Ansprechpartner bekommen. Wiederholen Sie diesen Vorgang einfach.

Gegebenenfalls schicken Sie Glückwünsche zum Beispiel zu Weihnachten, zum chinesischen Neujahrsfest, zum Geburtstag usw. Selbstverständlich können Sie in der ersten E-Mail auch ein Bild von sich mitschicken. Erfahrungsgemäß kommt dies sehr gut an. Haben Sie noch weitere Ideen? Setzen Sie sie um.

Wann merkt man am Schriftwechsel, dass eine Freundschaft entstanden ist? Ein Anzeichen dafür ist, wenn der schriftliche Kontakt zwischen Ihnen und Ihren asiatischen Kollegen langsam vertraulicher wird oder Sie gar anfangen, privatere Mitteilungen zu schreiben. Dann ist es definitiv soweit.

Als einmal ein heftiger Taifun Südchina heimsuchte, wurden sämtliche Häfen in diesem Großraum für kurze Zeit gesperrt. Ein chinesischer Hersteller in Shenzhen hatte zwei Container im Hafen lagern, einer sollte nach Deutschland, und der andere in die USA verschifft werden. Der deutsche Kunde erkundigte sich bei der chinesischen Kontaktperson per Email, wann das Schiff den Hafen verlassen dürfe. Der amerikanische Kunde schickte ebenfalls eine Mail an den Chinesen. Bevor er sich nach dem nächstmöglichen Liefertermin erkundigte, fragte er den Kontaktmann zuerst, wie es ihm gehe, und ob sich seine Familie in Sicherheit befände.

Wenn es nach der Freigabe des Hafens noch eine Formalität gibt, die der chinesische Partner beachten müsste, welchen Container würde er wohl zuerst abfertigen? Was meinen Sie?

Ein Mitarbeiter, der öfter nach China reist, könnte zum Beispiel einen schönen Gruß von Herrn X aus seiner Firma an Herrn Y in der chinesischen Firma ausrichten. Er unterstützt damit wirkungsvoll seinen Kollegen X bei dessen Kontaktpflege mit dem Chinesen Herrn Y. Ein gewitzter Deutscher tat genau das für seine Kollegin aus der Logistikabteilung. Er übermittelte während seines China-Besuchs einem Sachbearbeiter in der Logistikabteilung des chinesischen Lieferanten den Gruß der Kollegin. Gleichzeitig richtete er diesem aus, dass ihn die deutsche Dame gerne kennenlernen, und sie ihm in Kürze ein Foto von sich mailen würde. Im Gegenzug hätte sie auch gerne ein Bild von ihm selbst. Nachdem der Chinese einem Foto zugestimmt hatte, zog der schlaue Manager eine Digitalkamera aus der Tasche und sofort herrschte Hochstimmung im ganzen Büro.

Handlungsempfehlung

Verhalten Sie sich wie ein Diplomat. Sie repräsentieren Ihr Unternehmen und Ihr Besuch in China ist ein wenig mit einem Staatsbesuch vergleichbar. Natürlich ist die Zeremonie der Begegnung deutlich lockerer und informeller, aber die Zielsetzung bleibt ähnlich. Beide Parteien beabsichtigen eine erfolgreiche Zusammenarbeit und bemühen sich um eine freundschaftliche Annäherung. Alles Weitere entwickelt sich von selbst.

Die Grundprinzipien des zu empfehlenden Verhaltenskodex in Asien sind hierbei Freundlichkeit und Höflichkeit. Mit den deutschen Höflichkeitsetiketten machen Sie nie etwas falsch. Auf arrogantes Verhalten insbesondere seitens der Europäer reagieren Chinesen sehr empfindlich. Sie selbst werden allerdings kaum bemerken, welche Wirkung Sie damit auf Ihren Gesprächspartner haben. Übertriebene Höflichkeit wird andererseits nicht als lästig angesehen. Höflichkeitsfloskeln reduzieren sich allmählich im Laufe der Zeit, sobald man sich näher kennt. Ihr Instinkt sollte Ihnen sagen, wann das der Fall ist. Wenn Sie sich in China wohl fühlen, sind Sie bereits auf dem richtigen

Weg. Freuen Sie sich, Ihren chinesischen Partner oder Ihre Kollegen wieder zu sehen, dann freuen sich diese genauso darauf, dass Sie endlich wieder kommen.

Sollten Sie noch nicht mit chinesischem (Geschäfts-)Gebaren vertraut sein, oder können Sie vor Ort die Lage oder das Verhalten Ihrer chinesischen Partner noch nicht richtig einschätzen, dann ist zusätzlich Bescheidenheit und leichte Zurückhaltung zu empfehlen. Dadurch vermeiden Sie in erster Linie, ungewollt ins Fettnäpfchen zu treten und bewahren sich außerdem den nötigen Freiraum beim Prozess der Anpassung.

Über das Erfolgsrezept Ihres Unternehmens sollten Sie kein Blatt vor den Mund nehmen. Scheuen Sie sich auch nicht, Lob über den chinesischen Partner, seine Firma oder seine Mitarbeiter auszusprechen. Bezüglich Ihrer eigenen Person dürfen Sie ruhig ein wenig zurückhaltend bleiben. Diese Art der Bescheidenheit zählt in China als Charakterstärke und wird nicht mit Schwäche verwechselt. Chinesen sehen darin im Gegenteil einen Ausdruck von Größe und Tiefe einer Persönlichkeit.

Übung:
Sie besuchen einen neuen Kunden in Wuhan, China. Vor Ort haben Sie einen Dolmetscher zur Verständigung arrangiert. Das Gespräch mit dem Partner verläuft konstruktiv und informativ. Nach dem Gespräch werden Sie vom chinesischen Geschäftsführer zum Abendessen eingeladen. Sie finden ihn als Person sympathisch. Leider spricht er wenig Englisch und Sie können sich während des Essens bedauerlicherweise nicht mit ihm unterhalten. Würden Sie grundsätzlich jegliche Kommunikation zwischen Ihnen und dem Geschäftsführer übersetzen lassen, um Missverständnisse zu vermeiden? Sprechen Sie ihn nur ab und zu direkt an, um ihn nicht der Sprache wegen bloß zu stellen? Ist es Ihnen lieber, trotz des Verständigungsproblems einen direkten Dialog mit ihm aufrecht zu erhalten? Fällt Ihnen noch eine weitere Vorgehensweise ein?
Was würden Sie unternehmen?
Versuchen Sie zuerst, die Lage selbst einzuschätzen. Denken Sie nach, was Sie unternehmen würden, ohne die Erklärung vorher zu lesen.

Erklärung:
Persönlicher Kontakt ist zweifellos einer der wichtigsten Faktoren beim

Aufbau guter Geschäftsbeziehungen. Sprachliche Barrieren sind bei der Kommunikation mit chinesischen Partnern häufig ein großes Hindernis. Tatsächlich verfügen viele Geschäftsführer und Firmeninhaber in China nur über geringfügige Englischkenntnisse. Ihre Kontaktpersonen, die Englisch gut beherrschen, sind oft nur mittlere Manager oder Sachbearbeiter. Umso schwieriger ist ein direkter Dialog mit Ranghöheren oder den wirklichen Ansprechpartnern.

Lassen Sie sich jedoch nicht davon abhalten, direkten Kontakt mit der oberen Geschäftsleitung zu pflegen. Konversation über den Dolmetscher zu führen, ist bei einem wichtigen Geschäftsgespräch zwar richtig, jedoch nicht beim ‚Small Talk'. Sie sollten lieber selbst als Hauptkontaktperson für den chinesischen Geschäftsführer agieren, nicht der Dolmetscher. Wenden Sie den Geschäftspartnern während des Gesprächs Ihr Gesicht direkt zu und halten Sie kurz Blickkontakt. Der Dolmetscher sollte nach Wunsch übersetzen. Niemand verliert das Gesicht, weil er eine Fremdsprache nicht beherrscht. Was man auf keinen Fall machen sollte ist, mit dem Partner, wie mit einem Kind, sehr langsam zu sprechen und die gleichen Worte mehrmals zu wiederholen. Dabei würde sich jeder unwohl fühlen.

Achten Sie stets darauf, den Geschäftsführer wie einen Chef zu behandeln, ob es in Meetings oder beim Essen ist. Vermeiden Sie deshalb, vorwiegend mit anderen Personen zu sprechen, mit denen Sie sich sprachlich gut verständigen können.

Um Sprachbarrieren zu überwinden, sind zusätzliche Kommunikationsmethoden nötig. Zum Glück findet zwischenmenschlicher Kontakt auch ohne Hilfe der Sprache statt. Ein Lächeln spricht tausend Worte. Eine nette Geste kann schneller und besser verstanden werden als Worte. Wenn verbale Kommunikation also an ihre Grenze stößt, benutzen Sie nonverbale Kommunikation, die genauso wirkungsvoll ist.

Was in der jeweiligen Situation zählt, ist die Ausstrahlung menschlicher Wärme, die die Distanz zwischen zwei Menschen tatsächlich verringern kann. Versuchen Sie den Partner persönlich anzusprechen. Wenn alle Anwesenden in gebrochenem Englisch miteinander kommunizieren, ist das auch nicht so schlimm. Im Gegenteil, die Stimmung lockert sich und es gibt bestimmt viel zu lachen.

Es gab da einen Fall, als ein deutscher Opa eine chinesische Oma durch seinen Garten führte. Der eine sprach nur Deutsch und die andere nur Chinesisch. Als leidenschaftlicher Hobby-Gärtner erklärte ihr der deutsche Großvater die angepflanzten Gemüsesorten, die umgebenden Obstbäume sowie die sauber gemähte Wiese... Eine Stunde später kamen die beiden ins Haus zurück. Die chinesische Oma berichtete mit Begeisterung, wie wunderbar der deutsche Garten sei.

Ganz offensichtlich war es dem alten Herrn gelungen, durch nonverbale Kommunikation wie die Wärme in seiner Stimme, das Leuchten in seinem Blick und seine Aufmerksamkeit die alte Dame, die kein Wort seiner Rede verstand, anzusprechen und ihre Begeisterung für seinen Garten zu entfachen. So verbrachten die beiden gemeinsam eine Stunde in schönster Harmonie, auch ohne sich mit Worten verständigen zu können.

Wenn Sie allerdings merken, dass ein Chinese doch Hemmungen hat, auf Englisch zu kommunizieren, dann sollten Sie dies wie gewünscht respektieren.

2. Das zwischenmenschliche Ordnungsprinzip – Verhaltensregeln im Umgang mit Mitmenschen

- Die andersartige Ordnungsvorstellung
- Die Grundlage des Ordnungsprinzips und der Verhaltenskodex in China
- Hoch lebe Konfuzius!
- Die konfuzianischen Werte
- Die fünf zwischenmenschlichen Beziehungen als hierarchische Grundlage
  - „Wir“ hat Vorrang vor dem „Ich“
  - Ein Modell der Ungleichheit
  - Nutzen der Theorie
- Widersprüche in der Realität
- Innerbetriebliche Hierarchie-Identifikation und der richtige Umgang damit
  - Die chinesische Betriebsordnung
  - Das multiple Beziehungsverhältnis
  - Die Mann-Frau-Beziehung im Büro
  - Ein Cocktail mit der richtigen Mischung
- Identifikation des richtigen Ansprechpartners in der Hierarchie
- Übungen

Die andersartige Ordnungsvorstellung

Jeder Kulturkreis entwickelt auf Grund unterschiedlich verlaufender Geschichte seine Besonderheiten und formt daraus eine kulturspezifische Vorstellung über Ethik, Ordnung und Sozialverhalten. International agierende Geschäftsleute werden mit großen Herausforderungen konfrontiert. Sie bewegen sich während ihrer Geschäftsreisen innerhalb kurzer Zeit häufig nicht nur in einem, sondern oft in zwei oder mehreren fremden Kulturräumen. Sie müssen sich schnell auf das gerade betretene Land ein- und umstellen und gleichzeitig Geschäfte abwickeln. Um Erfolg zu erzielen, sind hierbei unter anderem hohe Anpassungsfähigkeit, sowie aktuelle Kenntnisse über Werte und Sitten der fremden Länder erforderlich.

China ist eine patriarchalische, konservative Gesellschaft, die bis heute auf hierarchischen Strukturen aufgebaut ist. Anders als in

Deutschland hat das kollektive Wohlgefallen der Gemeinschaft eine hohe Priorität in der Ordnungsvorstellung. Das heißt aber nicht, dass China völlig andere oder neue Werte hat, vielmehr sind diese anders gewichtet als in der deutschen Gesellschaft. Nach drei Jahrhunderten der Armut und Rückständigkeit sind heute die vordringlichsten Wünsche der meisten Menschen auf dem chinesischen Festland nicht politische Freiheit, Menschenrechte oder Demokratie. Diese Werte bedeuten ihnen nichts, solange sie Hunger leiden und arm sind. Sie haben die Erfolgsbeispiele Hongkong, Taiwan und Singapur vor Augen und wissen eines genau: Sie möchten auch reich werden und wieder eine wichtige Rolle in der Welt spielen. Die politische Freiheit ist für die meisten chinesischen Bürger eine willkommene Zugabe, so lange sie den ökonomischen Freiraum nicht gefährdet.

Nach der Öffnung des Landes sehnt sich China danach, in der Weltgemeinschaft mitzuspielen. Es lernt fleißig die Spielregeln des Kapitalismus und entwickelt sich mit Stolz zur Weltfabrik. Generell finden chinesische Geschäftsleute die Wertvorstellungen anderer Kulturkreise und den richtigen Umgang mit der Weltgemeinschaft noch schwierig, obwohl sie das selbst nicht gerne zugeben mögen. Also beweisen Chinesen ihre Flexibilität und finden einen Mittelweg für sich: Im Ausland passen sie sich an, aber auf eigenem Grund und Boden wird nach chinesischen Regeln gespielt.

Deutsche in China brauchen ihre eigenen Werte und ihren Glauben nicht beiseite zu stellen. Wichtig ist es, den eigenen Horizont zu erweitern, sowie Verständnis und Toleranz für Andersartigkeit mitzubringen. Solch eine Bereitschaft ist bereits der erste Schritt zur erfolgreichen Annäherung.

Um die Verhaltensregeln der chinesischen Gesellschaft zu erkennen, ist es erforderlich, das soziale Ordnungsprinzip und das damit eng verbundene Hierarchiesystem zu verstehen. Die Deutschen haben schon vor langer Zeit die Vormachtstellung von Autoritäten verschiedenster Art aus ihrer Gesellschaft verbannt. Die Aufklärung, die Renaissance, sowie die 68er-Bewegung und andere geschichtliche Faktoren haben die heutige Mentalität der Deutschen geformt, welche Demokratie, Unabhängigkeit, Individualität und Offenheit als erstrebenswert ansieht. Heute sind die Deutschen nicht mehr an althergebrachte Autoritätsformen gewöhnt; vielen fällt es ausgesprochen schwer, sich in solch einem Umfeld zu bewegen. Hierarchische Strukturen bestehen in vielen deutschen Firmen oft nur noch in sehr abgemilderter Form. An die Stelle von autoritärem Verhalten sind liberale Umgangsformen, Gleichstellung der Kollegen untereinander sowie die mehrheitliche Entscheidungsfindung durch Diskussion getreten. Von solchen Strukturen können Chinesen nur träumen; sie können sich nicht vorstellen, dass dies auch in ihrer Gesellschaft verwirklicht werden könnte. Falls vereinzelte Individuen versuchen, sich mit westlichen Verhaltensweisen in ihrem Land durchzusetzen, führt das in der Regel zu sozialer Isolation.

Die Grundlage des Ordnungsprinzips und der Verhaltenskodex in China

Wie funktioniert die gesellschaftliche bzw. unternehmerische Ordnung in China? Welches sind die wichtigsten Werte und Normen? Das Schlüsselwort hierfür heißt Konfuzianismus (儒學). Das Ideal von Konfuzius ist immer noch lebendig und übt seit 2300 Jahren ununterbrochen einen mächtigen Einfluss auf alle Chinesen aus, egal ob alt oder jung, ob im In- oder Ausland lebend. Nach ihrem Verbot während der Kulturrevolution kehrte die Lehre auf das chinesische Festland zurück und übt seither erneut großen Einfluss aus. Wenn man es genau betrachtet, wurde der Konfuzianismus von der Kommunistischen Partei in der Vergangenheit nicht wirklich aus dem Bewusstsein verdrängt. Zwar wurden neue Benennungen erfunden, aber die Kernwerte blieben unverändert tief und hartnäckig in der Seele und dem Geist des Volkes verwurzelt. Das Resultat: Der junge Kommunismus forderte die alte Lehre heraus und scheiterte.

Heute ist der Geist des Konfuzius so lebendig wie zuvor. Auch in westlicher Kleidung bleibt konfuzianisches Denken bestehen. Genauso wie das Modell des europäischen Wirtschafts- und Sozialstaates, das der Absicherung der Gesellschaft dient, bildet die konfuzianische Ethik und Moralvorstellung den Hauptpfeiler der chinesischen Gesellschaft. In Schulen und Familien werden die Kinder nach den Werten konfuzianischer Kinderstube erzogen. Dies erklärt die überall leicht zu findenden hierarchischen Firmenstrukturen. Wie angemessenes Sozialverhalten aussehen soll, wird nach den konfuzianischen Benimmregeln bewertet. Der Konfuzianismus ist eine Selbstverständlichkeit im Alltag der Chinesen, so wie das Christentum in Europa.

Hoch lebe Konfuzius!

Konfuzius (551–479 v. Chr.) lebte in einer unruhigen Zeit Chinas, die insgesamt 500 Jahre dauerte und von unzähligen grausamen Kriegen geprägt war. Aus Enttäuschung über den moralischen Verfall in der Gesellschaft forderte er die Rückorientierung an der Vergangenheit und betonte beharrlich die Selbstbeherrschung und Disziplinierung des Individuums im Interesse des Staates [2]. Lebenslang beschäftigte er sich mit dem Theorem sittlicher Werte, verbunden mit dem Ziel der Wiederherstellung von Ordnung und Moral. Damit kennzeichnet seine Lehre auch das moralische Ideal. In deutschen Buchhandlungen gibt es ein breites Spektrum gut bearbeiteter Literatur mit Nachschlagewerken zum Thema Konfuzianismus, zur Person des Konfuzius und zu seiner Lehre.

(Konfuzius, 551–479 v. Chr.)

Konfuzius ging davon aus, dass der Mensch von Geburt an weder gut noch schlecht ist, das Böse resultiert aus seinem Lebensumfeld. Später machten seine Anhänger deutlich, dass der Mensch von Natur aus gut ist, und das Böse mangelnder Einsicht entstammt. Die Erziehung des Menschen zu Tugend und Harmonie ist daher das oberste Gebot. [3] Konfuzius' Ordnungsphilosophie besteht darin, dass alle Menschen in erster Linie ihre Plätze in der Gesellschaft kennen und wahrnehmen müssen. Verhalten sie sich sittlich und ihrer sozialen Stellung entsprechend, wird dadurch die Sozialordnung gewährleistet. Die rituelle Ausübung von Sitten bzw. Zeremonien bewahrt die Kontinuität im gesellschaftlichen Leben und hilft bei der Verinnerlichung ethischen Verhaltens. Alle derartigen sittlichen Rollenübungen sah

2) Vgl. „Konfuzianismus", Zhanao Yang, 1999, Humbolt-Gesellschaft
3) „Weltreligionen", Markus Hattstein, 2005, Tandem Verlag, Seite 46

Konfuzius als unverzichtbare Methoden zur Entstehung des Idealmenschen.

Viele Sitten und Zeremonien wurden bereits 500 Jahre vor Konfuzius in der Zeit der westlichen Zhou-Dynastie (1027-771 v.Chr.) festgelegt. Beispiele dafür sind: die Empfangs-Zeremonie bei Besuchen, wie man sich gegenseitig sittengerecht begrüßt und behutsam miteinander umgeht, ebenso wie das tägliche Ritual, mit dem man die Eltern frühmorgens respektvoll begrüßt. Die Nachkommen der Konfuzianer befolgten die Sitten und Zeremonien genauso strikt und fügten mit der Zeit noch andere hinzu.

Noch heute ist der Konfuzianismus im Alltag sowie im Geschäftsleben unmittelbar zu beobachten, wie z.B. bei den Ritualen des Kennenlernens, dem Austausch von Visitenkarten, der Geschenktradition und anderem. Allerdings ist die konfuzianische Lehre in unserer Zeit zum Glück etwas liberaler geworden. Die soziale Stellung der Frau auf dem chinesischen Festland wurde während der Kulturrevolution angehoben. Die Verwirklichung der Chancengleichheit zwischen Männern und Frauen innerhalb chinesischer Betriebe ist asienweit auf dem höchsten Stand. Zugleich lockert eine gewisse Verwestlichung zum Teil die strenge Last der Tradition und bringt ein wenig frischen Wind ins Land.

Die konfuzianischen Werte

Um das Ziel der Stabilisierung zu erreichen, fasste Konfuzius die damals bereits bestehenden Sozialwerte zusammen, die hier in einem Tugendenkatalog, siehe *Tabelle 1* [4], dargestellt werden. Dieser Tugendenkatalog dient in seiner Lehre als Maßstab für moralisches Verhalten der Menschen und liefert zusammen mit den „fünf zwischenmenschlichen Beziehungen“ *(Tabelle 2)* die Orientierungskriterien sozialgerechten Verhaltens. Der Oberbegriff aller moralischen Normen und Verhaltensweisen ist „ren“(仁), ein alter chinesischer Begriff und nicht wörtlich übersetzbar. Die Ausübung aller Untertugenden wie Treue, Vertrauen, Ehrlichkeit, Gerechtigkeit usw. führt zum Erreichen der Obertugend „ren“. Ein Idealmensch (君子) verhält sich in Konfuzius' Augen „ren“-gemäß, und jeder Mensch kann durch disziplinierte Ausübung dieser Tugenden zum Idealmenschen werden.

Versuchen wir mit einem einfachen Beispiel, „ren“ zu erklären. In

4) Vgl. „China für Anfänger. Eine faszinierende Welt entdecken“, Karl-Heinz Pohl, 2004, Herder Verlag.

einer Gefahrensituation vergisst man die eigene Sicherheit und versucht zuerst, den Anderen zu helfen – damit verhält man sich „ren"-gemäß.

仁 (ren)						
孝	信	忠	恕	恭	诚	义
xiao	xin	zhong	shu	gong	cheng	yi
Kindespietät	Vertrauen	Treue	Gegenseitigkeit	Verantwortung für das Allgemeinwohl	Ehrlichkeit	Gerechtigkeit

Tabelle 1: *Der Tugendenkatalog von Konfuzius*

Der Ausdruck „xiao" (孝, Kindespietät) entsteht durch die natürliche Bindung zwischen Eltern und Kindern, aus der die ursprünglichste Emotion der Menschen füreinander hervor geht. „xiao" bezeichnet das Verhalten der Kinder, die den Eltern ihre Dankbarkeit zeigen.

Wie weit liegen die Wertvorstellungen zwischen China und Deutschland auseinander? Sie werden sicherlich zustimmen, dass alle oben aufgeführten Tugenden auch in der deutschen Gesellschaft ihren festen Platz haben. Worin bestehen also die unterschiedlichen Wertvorstellungen Deutscher und Chinesen? Eine plausible Antwort darauf wäre, dass für dieselben Tugenden in beiden Gesellschaften andere Prioritäten gesetzt werden.

Übung:
Listen Sie die Tugenden Ihrer persönlichen Einschätzung nach in der Reihenfolge ihrer Wichtigkeit auf und notieren Sie die beiden für Sie wichtigsten Tugenden.
Sie haben sich entschieden? Gut.
Welche Tugenden sind Ihrer Meinung nach für Chinesen die Wichtigsten? Die Antwort finden Sie im folgenden Text.

In der konfuzianischen Lehre gehören zhong (忠, Treue zu Staat und Familie) und xiao (孝, Kindespietät, kindliche Ehrerbietung) zu den wichtigsten Tugenden. Die Konfuzianer fordern notfalls die Selbstaufopferung für den Herrscher bzw. die Gemeinschaft. Allerdings ziehen sie eine Grenze: es sei falsch, einem Herrscher blinde, unbegrenzte Treue zu schenken. Tut der Herrscher unrecht und weigert sich, das Unrecht wieder gut zu machen, haben die Untertanen das Recht, dem Herrscher den Rücken zu kehren [5].

In gewisser Hinsicht steht die Wichtigkeit von xiao (Kindespietät) noch vor zhong (Treue). Früher wurde gesagt: Wenn ein Mann sich nicht ethisch verhält und die Ordnung im eigenen Haus nicht aufrecht erhalten kann, wie kann er dann dem Kaiser treu dienen? Welches Benehmen versteht man nun unter Kindespietät im chinesischen Sinn? Es ist die Pflicht der Kinder, sich um die Eltern zu kümmern, die Eltern stets mit Respekt zu behandeln sowie in der Anwesenheit der Eltern immer freundlich zu bleiben. Man darf theoretisch die Eltern weder kritisieren noch ihnen widersprechen, auch wenn sie für die Kinder falsche Entscheidungen getroffen haben. Sie haben es schließlich nur gut gemeint. Mit diesem Erziehungsideal werden die chinesischen Kinder groß gezogen, offensichtlich zu Gunsten der Erwachsenen. Heute ist der westliche Liberalismus in Bezug auf Kindererziehung teilweise auch nach Fernost vorgedrungen. Die konfuzianische Kinderstube bleibt zwar weiterhin bestehen, aber nicht mehr in einem so strengen Rahmen. Die Umgangsformen zwischen den Generationen sind wesentlich lockerer geworden.

Wie sehen die Familienverhältnisse heute aus? Sind chinesische Eltern zufriedener mit ihren Kindern als deutsche Eltern? Realistisch und ehrlich gesehen sind die Konflikte innerhalb chinesischer Familien weder geringer noch wesentlich anders geartet, als die in deutschen Familien. Wenn Sie chinesische Familien näher kennen lernen, werden Sie auch zu hören bekommen, wie manche Eltern darüber klagen, dass die Kinder nicht mehr so brav und gehorsam seien, wie es sein sollte, und wie es einst der Fall war. Die Familienverhältnisse auf dem Festland entwickeln sich aufgrund der 1980 eingeführten Ein-Kind-Politik in eine extreme Richtung. Einerseits genießen die kleinen „Kaiser" und „Prinzessinnen" alle Aufmerksamkeit und Privilegien in den Familien. Andererseits müssen sie später alleine die Verantwortung übernehmen, für Eltern und Großeltern zu sorgen. Der dadurch entstehende finanzielle Druck auf den Einzelnen ist enorm groß. Die Überalterung der Bevölkerung nimmt rapide zu. Diese Kinderpolitik wurde jedoch 2013 offiziell gelockert. Pärchen dürfen heute

5) Vgl. „Konfuzianismus", Zhanao Yang, 1999, Humbolt-Gesellschaft

zwei Kinder haben.

Natürlich hat alles sowohl positive als auch negative Aspekte. Wie bereits erwähnt, hat das Wohlgefallen der Gemeinschaft großes Gewicht in der Gesellschaft sowie in den Familien. Die Gruppe bietet der Einzelperson Sicherheit und Halt. Als Gegenleistung dafür müssen die Mitglieder jedoch in gewissem Maß ihre Eigenständigkeit aufgeben und sich der Erwartungshaltung der Gemeinschaft anpassen. Es gilt weiterhin, dass sich alle Gruppenmitglieder in die Angelegenheiten anderer einmischen können und dürfen. Ein typisches Beispiel findet man bei einer Hochzeitsvorbereitung. Durch die Hochzeit heiraten nicht nur zwei junge Menschen, sondern zwei fremde Familien verbinden sich langfristig miteinander und es spielt dabei keine Rolle, ob es sich um eine Liebesheirat oder eine arrangierte Heirat handelt. Das Brautpaar hat bei der Angelegenheit nicht zu viel zu sagen, sondern vielmehr die Eltern, die Großeltern und eventuell auch die Verwandtschaft wie Onkel und Tanten. Die Partnerwahl, die Verlobungsgeschenke der Familie des Bräutigams, die Mitgift der Brautfamilie bei der Hochzeit, sowie das Hochzeitsbankett usw. sind öffentliche Themen. Es ist für junge Leute nicht einfach, sich durchzusetzen, da Spielraum und Entscheidungsfreiheit des Einzelnen äußerst begrenzt sind. Im Konfliktfall ist der moralische Druck oft zu belastend, um ihn auf Dauer zu ertragen.

Die fünf zwischenmenschlichen Beziehungen als hierarchische Grundlage

Ein weiterer, wichtiger Aspekt des Konfuzianismus ist das Modell der fünf zwischenmenschlichen Beziehungen, auf der die Hierarchie Chinas aufgebaut ist. Mit diesen Beziehungsverhältnissen versuchte Konfuzius, alle universal gültigen Bindungen zwischen den Menschen und deren Rollen innerhalb der Gesellschaft zum Ausdruck zu bringen. Die Einordnung der Rollen, die Abstufungen und die dazu gehörigen Verhaltenserwartungen werden in *Tabelle 2* dargestellt. Das *Schaubild* beschreibt den optimalen Zustand einer perfekten Gesellschaft.

Wie oft taucht die Rolle der Frau in dieser Kategorie auf? Offensichtlich war Konfuzius ein ausgesprochener Macho und damit stand der Mann, nicht verwunderlich, als Zentralfigur in seinem Modell. Wir dürfen ihm das nicht vorwerfen, schließlich wurde er vor 2500 Jahren geboren. Um den Zeitgeist des 21. Jahrhunderts in diesem Modell korrekt zu vermitteln, müssen wir die Beziehungskategorien etwas freier interpretieren und die Begriffe dementsprechend neu formulieren. Wichtig hierbei ist nicht die Formulierung, sondern den zu deutenden Inhalt richtig zu verstehen sowie im eigenen Lebensraum anzuwenden. Bei allen Zuordnungen sind heutzutage die Frauen ein selbstverständlicher Bestandteil. Die erste Beziehungskategorie bezeichnet in der modernen Sprache den Chef und die Untergebenen. Die zweite besteht aus Vater/Mutter vs. Sohn/Tochter.

	Die fünf Beziehungen				
	1	2	3	4	5
Abstufungen	Herrscher vs. Untertan	Vater vs. Sohn	(1) Alt vs. Jung (2) älterer Bruder vs. jüngerer Bruder (3) älterer Jahrgang vs. jüngerer Jahrgang	Mann vs. Frau	Freund vs. Freund
Verhaltenserwartungen	gütig ↓ ↑ treu	gütig (Vaterliebe) ↓ ↑ pietätvoll (Pflichten der Kinder)	freundlich ↓ ↑ höflich	ehrerbietig ↓ ↑ ehrerbietig	aufrichtig ↓ ↑ aufrichtig

***Tabelle 2:** Das Modell der fünf zwischenmenschlichen Beziehungen in der Gesellschaft*

„WIR“ HAT VORRANG VOR DEM „ICH“

Konfuzius vertrat die Meinung, dass ein Mensch nie alleine lebt. Im Zentrum der konfuzianischen Lehre steht die Familie als Ausgangspunkt aller mitmenschlichen Beziehungen und als Fundament der Gesellschaft. Bei der Geburt wird als erstes Kontakt mit der Mutter und dann mit den anderen Familienmitgliedern aufgenommen. Sogar Asketen nehmen irgendwann zwischenmenschliche Kontakte auf. Es gibt also immer ein „Wir“ und ein „Zwischen Uns“. Die Bewahrung der Harmonie benötigt vor allem die Mitwirkung aller Beteiligten – des „Wir“. Daher hat das „Wir“ Vorrang vor dem Individuum – dem „Ich“.

EIN MODELL DER UNGLEICHHEIT

Innerhalb dem „Wir“ gibt es keine Diskriminierung zwischen den Menschen, aber es existiert eine Ungleichheit auf Grund der unterschiedlichen Positionen bzw. Beziehungsverhältnisse, die sich im konfuzianischen Beziehungsmodell deutlich erkennen lässt. Die fünfte Kategorie, das „Freund-Freund“ Verhältnis, ist wahrscheinlich die Einzige, die wirkliche Gleichheit widerspiegeln sollte. Aber absolute Gleichheit gibt es wohl kaum. In der Praxis verliert die Gleichheit in Kategorie fünf an Gewicht, sobald zwei Menschen einander näherkommen. Dann tritt stattdessen Kategorie drei „Alt-Jung“ in den Vordergrund. Entweder einer ist älter als der andere (älterer Bruder vs. jüngerer Bruder), oder er ist/war in einer höheren Schulklasse oder Universitätssemester (älterer Jahrgang vs. jüngerer Jahrgang). Es ist weniger wichtig, ob die beiden in die gleiche Schule gingen und wann sie die Schule besuchten.

NUTZEN DER THEORIE

Die Grundvoraussetzung für die Umsetzung dieser Theorie ist, eigene Rollen wahrzunehmen und andere Personen positionsgemäß korrekt zu behandeln. Dadurch können Harmonie und Frieden gewährleistet werden. Generell wird dieses Beziehungs-Verhaltenserwartungs-Modell in allen chinesischen Gesellschaften als wichtige Verhaltensorientierung angewendet. Als Ausländer hilft Ihnen dieses Modell dabei, einerseits die Verhaltensweisen Ihrer chinesischen Partner zu verstehen und andererseits vor Ort angemessen darauf zu reagieren. Weiterhin ist es im Falle von Meinungsdifferenzen ein gutes Hilfsmittel, um sich mit chinesischen Gesprächspartnern über menschliches Verhalten zu verständigen, oder über unterschiedliche Wertvorstellungen zwischen West und Ost zu diskutieren. Chinesen denken häufig, dass Deutsche sie nicht wirklich verstehen. Viele gewinnen den Eindruck, dass sie als Chinesen viel mehr Wert auf zwischenmenschliche Beziehungen legen als Deutsche. Wenn Chinesen die deutsche Gesellschaft etwas besser kennen würden, bekämen sie wahrscheinlich einen anderen Eindruck. Verwenden Sie daher das chinesische Modell zu Ihrem eigenen Vorteil. Auf diese Art finden Sie schnell Gehör und Verständnis bei Ihren Partnern.

Zum Nachdenken:
Ist Ihrer Meinung nach eine Kategorisierung in fünf zwischenmenschliche Beziehungen typisch chinesisch? Kann man so ein Modell auch auf die deutsche Gesellschaft anwenden? Welche Beziehungsmodelle können Sie Ihrer Meinung nach hier in Deutschland wieder erkennen?

Widersprüche in der Realität

Seien wir ehrlich und sehen wir den Tatsachen ins Auge. Die Realität ist häufig anders als die Theorie. Hätten sich alle Chinesen dem Konfuzianismus gemäß und die Deutschen dem Christentum gemäß verhalten, gäbe es nur Harmonie und keine Streitigkeiten mehr zwischen Partnern. Wenn konfuzianische Erziehungswerte überall umgesetzt und von allen Chinesen eingehalten würden, gäbe es weder Drängeleien noch Auseinandersetzungen in Chinas Stadtverkehr.

China ist in der Tat widersprüchlich und hat viele Gesichter. Es ist einerseits extrem modern, andererseits extrem konservativ. Es repräsentiert gleichzeitig Reichtum und Armut. Chinesen sind intelligent, fleißig, höflich, vertrauenswürdig und rücksichtsvoll. Sie können aber auch faul, dumm, egozentrisch und rücksichtslos sein. Konfuzianismus ist zwar das Erziehungsideal, aber trotzdem sind Chinesen auch nur Menschen mit allen dazugehörigen Schwächen.

Das größte Problem aller Chinesen ist, dass Konfuzianer die idealen Verhaltenskriterien zu hoch angesetzt haben, und deren perfekte Beherrschung unmöglich ist. Da dieses Ideal jedoch seit mehr als 2000 Jahren eine übertrieben zentrale Rolle einnimmt, wagt niemand ihm zu widersprechen, ansonsten droht ein kollektiver Gesichtsverlust. In der Realität bilden die konfuzianischen Normen den Rahmen des sozialen Lebens und bieten dadurch Sicherheit. Innerhalb dieses Rahmens besteht trotzdem noch individueller Bewegungsfreiraum.

Der neue Zeitgeist auf Chinas Festland hat drei Gesichter: Tradition, Neuerungen aus dem Westen und Kommunismus, siehe *Schaubild 1*.

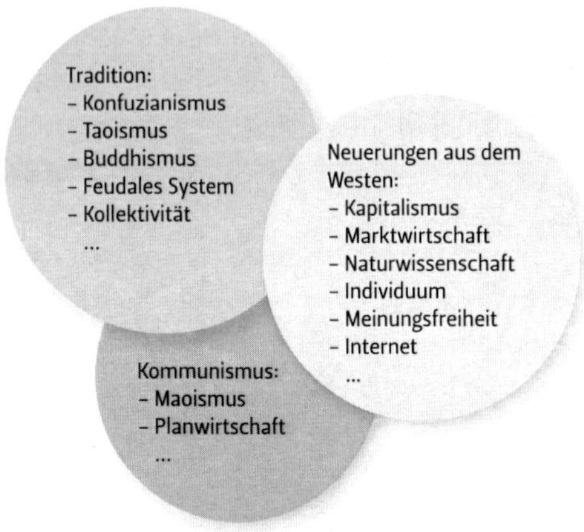

Schaubild 1: *Die Gesichter des heutigen China*

Die sozialen Ordnungsrahmen Chinas sind noch sehr konfuzianisch, doch westliche Werte dringen unauffällig über Literatur, Filme, Studien und Arbeit ein. Die Sehnsucht nach individueller Entfaltung motiviert junge Menschen, nach eigenen Wegen zu suchen. Daher versucht die chinesische Gesellschaft unermüdlich, die Jugend auf den „richtigen“ Weg zurückzuführen. Sicherlich gibt es auch in China Individualität, aber im Fall einer Konfrontation mit der Kollektivität wird sie meist in den Hintergrund gedrängt und von letzterer erstickt.

Bei der Übernahme fremdkultureller Werte besteht außerdem die Gefahr, dass diese und die daraus folgenden Handlungen missverstanden oder falsch interpretiert werden, da die kulturgeschichtlichen Wurzeln fehlen. Das Konzept der Demokratie stammt aus dem Westen und individuelle Freiheit ist ein relativ neuer Begriff für Asiaten. Das junge, demokratische Land Taiwan hat lange gebraucht, bis seine Einwohner verstanden, was Freiheit wirklich bedeutet. Die anfängliche Interpretation: „Freiheit bedeutet, dass ich alles machen darf, was ich will, weil es mein Recht ist“ wandelte sich erst später zum Verständnis: „Freiheit ist, dass ich alles machen darf, was ich will, solange dadurch die Rechte anderer nicht beeinträchtigt werden."

Innerbetriebliche Hierarchie-Identifikation und der richtige Umgang damit

Die hierarchische Struktur innerhalb chinesischer Unternehmen basiert auf dem Modell der fünf zwischenmenschlichen Beziehungen. *Tabelle 3* zeigt die Hierarchieordnung in der Geschäftswelt sowie die firmeninternen Kollegenbeziehungen. Das dargestellte Hierarchiesystem nach dem konfuzianischen Beziehungsmodell vermittelt zugleich Ethik und Ordnungsprinzip. Wie stark kommt die Hierarchie im Betrieb zum Tragen? Das ist von Firma zu Firma unterschiedlich und eng verknüpft mit den leitenden Personen sowie der Firmenkultur. Viele Dienstleistungsbereiche in China wie Werbung, Marketing, PR und andere übernehmen zum Teil den westlichen Führungsstil und sind daher vergleichsweise liberal. Die produzierenden Unternehmen dagegen legen noch sehr strengen Wert auf Hierarchie.

Generell ist innerhalb der Firma der Umgang zwischen Ranghöheren und Rangniedrigeren eher informell. Schließlich gehören alle zusammen wie in einer großen Familie und sind unter sich. Aber sobald es sich um eine offizielle Angelegenheit handelt, ist es wichtig, die Firmenhierarchie und die Rollen der Betriebsangehörigen deutlich nach außen hin zu demonstrieren. Ein betriebliches Rollenspiel, bei dem eine deutsche und eine chinesische Gruppe von jeweils drei Personen mitwirkten, zeigte interessante Mentalitätsunterschiede im Hinblick auf Hierarchie. Beide Gruppen sollten sich zuerst über wichtige Geschäftsbedingungen einigen und dann gemeinsam einen Kundenbesuch in China durchführen. Vor Beginn des Spiels benötigte die deutsche Gruppe zehn Minuten, um die verschiedenen Rollen und Funktionen zu verteilen. Die chinesische Gruppe dagegen benötigte weniger als eine Minute. Während des Rollenspiels agierten alle Mitspieler des deutschen Teams gemäß ihrer jeweiligen Rolle dynamisch und selbstständig. In der chinesischen Gruppe agierte im spielerischen Meeting der älteste und ranghöchste Chinese automatisch als Hauptansprechpartner (Leader). Die anderen Mitspieler befolgten ohne Zögern seine Anordnungen.

Die fünf Beziehungen in einem Unternehmen				
1	2	3	4	5
(a) Chef vs. Angestellter (b) Kunden vs. Lieferant	(a) Vater vs. Sohn (b) Meister vs. Lehrling	(a) älterer Mitarbeiter vs. jüngerer Mitarbeiter (b) Qualifikation/Erfahrung: Senior vs. Junior (c) Betriebszugehörigkeit: länger vs. kürzer	Mann vs. Frau	Freund vs. Freund
gütig ↑ ↓ treu	fürsorglich ↑ ↓ dankbar	freundlich ↓ ↑ höflich	„Probleme"	aufrichtig sowie gegenseitig

***Tabelle 3:** Die Beziehungs-Matrix – Innerbetriebliche Hierarchie und die Beziehungskategorien*

DIE CHINESISCHE BETRIEBSORDNUNG

Sobald ein Unternehmen eine gewisse Größe hat, begleitet normalerweise ein Disziplin-Handbuch den Arbeitsalltag. In diesem einer Hausordnung ähnlichen Handbuch sind ausführliche Kriterien und Maßnahmen zur Belohnung und Beförderung, sowie zur Einschätzung und Bestrafung von Fehlern aufgeführt. Verstoßen die Mitarbeiter gegen die Firmenordnung, versucht der direkte Vorgesetzte generell zuerst, das Disziplin-Handbuch zu umgehen. Oft wird nur bei massivem, nicht zu übersehendem Fehlverhalten ein Disziplinar-Verfahren eingeleitet. Im Handbuch werden bis zu drei kleine Fehlerpunkte für leichte Fehler erteilt. Drei kleine Fehlerpunkte zusammen gelten als ein kleiner Strafpunkt. Drei kleine Strafpunkte addieren sich zu einem großen Strafpunkt. Ab diesem Zeitpunkt wird die Lage ernst. Hat man drei große Strafpunkte gesammelt, ist die nächste Maßnahme die fristlose Kündigung. Dieses System wird auch bei der Bewertung von Leistung und Belohnung angewendet.

Eine dynamische Taiwanesin, Anfang dreißig, arbeitete seit Jahren fleißig für eine Vertriebsfirma und erbrachte glänzende Leistungen. Als die Stelle des Vize-Präsidenten frei wurde, bewarb sie sich. Alle Kollegen waren der Meinung, dass Qualifikation und Leistung zu ihren Gunsten sprächen. In einer Besprechung unter vier Augen teilte ihr der Chef mit, dass er sie nicht wie gewünscht befördern könne. Eine andere Kollegin arbeitete wesentlich länger in der Firma und müsse aus ethischen Gründen vorrangig befördert werden. Daher bat sie der Chef um Geduld. Zuerst fühlte sich die Taiwanesin benachteiligt und unfair behandelt und drohte mit Kündigung. Der gewiefte Chef warf den Kündigungsbrief in den Papierkorb und genehmigte ihr stattdessen einen dreimonatigen Urlaub. Also flog sie nach Europa und erfüllte sich einen langgehegten Reisetraum. Die zahlreichen Erlebnisse und Erfahrungen einer solchen Reise ließen sie lange über das Gespräch mit ihrem Vorgesetzten nachdenken. Nach ihrer Rückkehr war sie mit der Entscheidung ihres Chefs einverstanden. Sie hatte eingesehen, dass ihre Zeit für die Position als Vize-Präsidentin noch nicht reif war. Nur wenige Jahre später wurde sie jedoch Geschäftsführerin des Unternehmens.

Beim Zusammentreffen mit chinesischen Partnern ist es besonders zu empfehlen, auf Alter und Position in der Hierarchie zu achten. Dementsprechend sollten Sie Ihr jeweiliges Gegenüber behandeln. Vergessen Sie bitte nicht, dass auch Sie Mitglied dieses kleinen Geschäftskreises sind. Das dargestellte Beziehungsmodell in *Tabelle 3* kennt keine Sonder-Position „Ausländer".

Sie brauchen beispielsweise für eine Messe dringend Prospekte, die Sie im Büro vergessen haben. Als Chef können Sie nun irgendeinen Mitarbeiter anrufen und die Prospekte bringen lassen. Als neuer bzw. jüngerer Kollege dürfen Sie von einem Kollegen der gleichen Rangstufe, der aber drei Jahre länger als Sie (längere Betriebszugehörigkeit) bei der Firma arbeitet, nicht verlangen, die Prospekte für Sie vorbei zu bringen, nur weil er zufällig auch auf die Messe kommt. Sie stehen in der Hierarchie zwar beide auf der gleichen Ebene, aber als „jüngerer Betriebsangehöriger" ist Ihre Stellung laut Senioritätsprinzip trotzdem eine Stufe niedriger. Eine unangebrachte Aktion wie die oben geschilderte könnte eventuell zu Unmut des „Älteren" führen.

In diesem Fall haben Sie nur zwei Möglichkeiten, den „älteren“ Kollegen zu veranlassen, die Prospekte für Sie mitzubringen: entweder Sie sprechen den Chef darauf an, und er spricht mit dem Kollegen, oder Sie bitten den Kollegen sehr höflich um seine Hilfe und fragen ihn, ob es ihm unter Umständen möglich sei, Ihnen diesen Gefallen zu tun.

Im Folgenden noch ein Beispiel zur Firmenhierarchie. Ein Abteilungsleiter könnte seine Mitarbeiter dazu auffordern, für ihn und einen Besucher Tee oder Kaffee in den Besprechungsraum zu bringen. Ein älterer Kollege hingegen hat kein Recht dazu; höheres Alter, längere Betriebszugehörigkeit oder längere Arbeitserfahrung spielen dabei keine Rolle. Genauso wenig darf ein Senior-Manager den Junior-Manager auffordern, etwas für ihn zu erledigen. Ein direktes „Nein“ spricht man allerdings lieber nicht aus. Am besten tut man so, als hätte man die Aufforderung überhört, oder man lehnt mit der Begründung ab, man hätte keine Zeit dafür.

Im offiziellen Meeting sollten die Vorsitzenden und die älteren Kollegen zuerst zu Wort kommen. Es ist eine Höflichkeitsgeste und beweist Respekt vor Ranghöheren und den Älteren. Jüngere Mitarbeiter müssen immer darum kämpfen, von den Älteren ernst genommen zu werden. Höflicher Umgang mit Höherstehenden und älteren Kollegen zeugt von guter Kinderstube und weckt deren Aufmerksamkeit.

Manche Deutsche jüngeren Alters berichten, dass ihnen chinesische Kollegen erzählt hätten, dass sie als besser verdienende Ausländer in der Regel auch die anfallenden Rechnungen beim gemeinsamen Ausgehen übernehmen sollten. Manche Chinesen machen das tatsächlich so und bezahlen ständig die Rechnungen für alle anderen. Dahinter steckt der Gedanke, dadurch die Position eines „großen Bruders“ einzunehmen. Dieses Verhältnis ist jedoch nirgendwo in den fünf Beziehungskategorien zu finden und ist außerdem unseriös. Es ist selbstverständlich, dass sich soziale Rollen und Respekt nicht mit Geld erkaufen lassen. Wenn der „Zahlmeister“ plötzlich nicht mehr für die Rechnungen aufkommt oder gar Unterstützung braucht, verschwinden die so genannten „guten Freunde“ bzw. Kollegen sehr schnell.

In China ist zwar mittlerweile bekannt, dass Hierarchie in westlichen Unternehmen anders geprägt ist als in China. Trotzdem erwarten Chinesen, dass die deutschen Partner vor Ort die chinesische Tradition respektieren und ihr Handeln danach ausrichten, insbesondere in der Öffentlichkeit. Auf diese Weise ist es allen Anwesenden gegebenenfalls möglich, zumindest vor den eigenen Landsleuten das Gesicht zu wahren. Um dies gewährleisten zu können, ist es erforderlich, die Beziehungsverhältnisse zwischen Ihnen und dem Partner, sowie zwischen den Chinesen untereinander richtig zu erkennen. Eben so wichtig ist es für Sie wahrzunehmen, in welcher Situation, Kategorie und auf welchem Platz Sie wem gegenüber stehen. Mit dieser Erkenntnis sichern Sie sich zugleich Ihren eigenen Bewegungsspielraum.

Zum Nachdenken:
Kennen Sie jemanden geschäftlich bzw. privat in China/Taiwan/Hongkong/Singapur? Oder haben Sie vielleicht einen Freund von Social-Media-Plattformen aus einer dieser Gegenden? Wie sieht das Beziehungsverhältnis zwischen Ihnen aus? Wie viele verschiedene Beziehungsverhältnisse könnten Sie zu der Person haben?
Könnte es zu einer bestimmten Zeit auch nur eine Beziehungsart zwischen zwei Menschen geben? Oder könnten gleichzeitig mehrere Beziehungen nebeneinander existieren? Wenn Ihre Antwort positiv ausfällt, erklären Sie sie.
Eine ausführliche Erklärung finden Sie im folgenden Text.

DAS MULTIPLE BEZIEHUNGSVERHÄLTNIS

Zwischenmenschliche Beziehungen bleiben selten linear und einfach, da sich je nach Situation verschiedene Rollen vermischen. In Kategorie 1 des Beziehungsmodells steht der Chef über den Angestellten. Sorgt er sich, aus welchem Grund auch immer, um das Wohl seiner Mitarbeiter, übernimmt er damit die Rolle eines Familienoberhaupts wie in Kategorie 2. Er lässt beispielsweise eine Kinderkrippe im Firmengebäude einrichten, Betriebsausflüge organisieren, oder führt Studienstipendien für die Kinder der Mitarbeiter sowie Heirats-, Trauer- oder Geburtsgeld für die Mitarbeiter ein. Je mehr ein Arbeitgeber für seine Arbeitnehmer tut, desto mehr beweist er sich als wahres Oberhaupt. Da dies keine gesetzliche Pflicht des Arbeitgebers ist, wissen es die Mitarbeiter natürlich umso mehr zu schätzen. Mit seiner umfassenden Arbeitserfahrung ist der Chef zugleich Vorbild für die jüngeren Kollegen (Kategorie 3).

Als Beispiel sei hier ein erfolgreicher Unternehmer aus Taiwan genannt, der mehrere Produktionsstätten in Shenzhen/Südchina leitet.

Ein tüchtiger, junger Mitarbeiter aus der westlichen Provinz ist ihm wegen seines Fleißes und seiner Intelligenz aufgefallen. Er ahnt, dass der Junge später zu einem wichtigen Mitarbeiter der Firma werden könnte. Als der junge Mann heiraten möchte, kommt es dem Chef zu Ohren, dass er und seine Familie zu arm sind, um sich eine angemessene Hochzeit leisten zu können. Er ordnet sofort eine Beförderung des Mitarbeiters an. Die Firma übernimmt außerdem sowohl Organisation als auch Kosten des Hochzeitsbanketts. Die Eltern und die nähere Verwandtschaft werden in die südchinesische Küstenstadt gebracht und zusammen mit der Braut in einem 5-Sterne Hotel eingebucht. Das Auto des Chefs fungiert als Hochzeitswagen der Braut. Am Hochzeitstag knien Eltern und Bräutigam vor dem Geschäftsführer, bevor sie sich auf den Weg machen, um die Braut abzuholen. Die Eltern bezeichnen den Chef als eigenen Vater und bedanken sich, dass er der ganzen Familie ein neues Leben geschenkt hat. Seither weiß der Unternehmer, dass er sich der Loyalität des Mitarbeiters sicher sein kann.

Zum Nachdenken:
Sie haben einen Kunden/Lieferanten/Kooperationspartner in China.
Welche Beziehungsmodelle würden dazu passen? Welche Positionen haben Sie inne? Wie ist das entsprechende Verhalten? Schreiben Sie es auf.
Wie können Sie die Kontakte mit dem Kunden optimieren?
Die Erklärung finden Sie im folgenden Text.

Das Beziehungsverhältnis zwischen Kunden und Lieferant ist in Kategorie 1 aufgeführt. Ein gutes Verhältnis zwischen den beiden darf jedoch nicht in dieser Kategorie bleiben.

In China werden Kunden als Könige angesehen und behandelt, selbst wenn die Kunden nicht einfach sind. Je enger die Beziehungen untereinander sind, umso leichter kann man die Könige betreuen und umso schneller werden Rechnungen bezahlt. Daher versuchen chinesische Vertriebsexperten, die Distanz zum Kunden durch intensive Kundenpflege zu verringern. Einige Spitzen-Autoverkäufer in Asien heuern aus eigener Tasche Assistenten an, nur um Kundenbeziehungen zu managen. Das beinhaltet beispielsweise Blumengeschenke zu Geburtstagen, die Erledigung von Strafzetteln wegen Falschparkens etc.

Schlaue asiatische Vertriebsexperten bauen vorzugsweise Freundschaften zu den Kunden auf und vermischen absichtlich die Grenze zwischen Privatleben und Geschäft. Sie lassen die Kunden spüren, dass sie König sind.

Europäer genießen in China aufgrund ihres vorbildhaften Entwicklungsvorsprungs einen höheren Status und mehr Ansehen. Häufig werden sie als Repräsentanten beim Kundenbesuch gewählt. Nutzen Sie diese Gelegenheit, Kontakte mit chinesischen Kunden aktiv aufzubauen. Im Vergleich zu Ihrem chinesischen Partner haben Sie die besseren Karten, mit den Kunden auf gleicher Augenhöhe zu stehen.

DIE MANN-FRAU-BEZIEHUNG IM BÜRO

Die einzige Beziehung der fünf Verhältnisse, die in einem Betrieb absolut fehl am Platz ist, ist eine Mann-Frau-Beziehung (Kategorie 4). Innerhalb des Betriebs ist eine Affäre unerwünscht. In manchen chinesischen Firmen ist es sogar in der Betriebsordnung festgeschrieben. Liebe kann zwar nicht verboten werden, aber dann muss einer der beiden die Firma verlassen.

Konkret bedeutet das für Sie: gehen Sie als Mann nach der Arbeit nicht alleine mit einer Kollegin bzw. als Frau mit einem Kollegen aus, außer eine dritte Person begleitet Sie. Es könnte gelästert werden, und besonders Frauen werden leicht als sexuell unanständig abgestempelt. Schützen Sie daher Ihre chinesischen Mitarbeiterinnen bzw. Kolleginnen, indem Sie einen gewissen Abstand zu ihnen wahren. Mit deutschen Kollegen gilt diese Regel nicht. Für Chinesen ist es undurchschaubar, was „Langnasen" tun, wenn sie unter sich sind.

Macht Ihnen jemand schöne Augen, überlegen Sie gut, ob Sie das auch zulassen möchten. Wenn die Antwort negativ ist, verhalten Sie sich einfach weiterhin wie ein „Gentleman" oder eine „Lady". Tun Sie so, als ob Sie die Schwärmerei gar nicht bemerken, oder erzählen Sie von Ihrer Freundin oder Ihrem Freund daheim. Auf diese Art wahren Sie das Gesicht des Anderen.

Was wäre, wenn Ihre Sekretärin Sie geschäftsbedingt auf der Reise begleiten müsste? Machen Sie sich darüber keine Sorgen. Dies ist eine geschäftliche Angelegenheit, und niemand würde auf die Idee kommen, Sie deswegen schief anzusehen.

Die Situation der Chancengleichheit in China zwischen Mann und Frau ist im Vergleich zu Japan, Korea und anderen asiatischen Nachbarländern sehr gut. Im Betrieb wird vorwiegend nach Leistung bewertet, nicht nach Geschlecht. Daher findet man immer wieder Leiterinnen in höheren Rangstufen, auch in den technischen Abteilungen.

EIN COCKTAIL MIT DER RICHTIGEN MISCHUNG

Es ist für Sie als Nicht-Chinese durchaus möglich, durch Training die chinesische Sozialkompetenz bezüglich der fünf Beziehungen zu erwerben. Denken Sie daran, dass Konfuzius an das Gute im Menschen glaubte. Damit glaubte er auch an Sie. Betrachten Sie das Ganze als eine spielerische Übung. Diese Übung mag im ersten Moment kompliziert erscheinen, aber eigentlich ist sie gar nicht so schwierig. Es ist lediglich eine Frage scharfer Beobachtung, Wahrnehmung und logischer Analyse. Sie können schon mal zu Hause oder am Arbeitsplatz mit Ihren deutschen Freunden und Mitarbeitern zu üben anfangen. Entscheidend ist nicht, alle Beziehungskategorien auswendig zu lernen, sondern den Kontext und den Zusammenhang der zwischenmenschlichen Beziehungen zu verstehen und die daraus resultierenden Handlungen zu erkennen.

Wichtig für Sie ist, das Beziehungsverhältnis zur jeweiligen Person in Ihrem Arbeitsumfeld wahrzunehmen und das jeweils richtige Verhalten an den Tag zu legen. Nehmen wir als Beispiel die Rolle eines Geschäftsführers in einer chinesischen Niederlassung. Was für ein Chef möchten Sie werden? Liberal wie ein Freund und fürsorglich wie ein Vater, oder eher hart und fair wie ein „richtiger" Chef? Bevorzugen Sie eine Mischung aus allem: z.B. 40% Chef/Angestellter (Kategorie 1), 15% Vater/Sohn und 30% beratender Meister vs. Lehrling (Kategorie 2), und zuletzt 15% Freund/Freund (Kategorie 5)? Was für ein Arbeitskollege möchten Sie werden, oder welche Art von Arbeitskollegen möchten Sie haben? Nett und freundlich oder lieber sachlich und gegenseitig unterstützend?

Die richtige Mischung des Cocktails entscheiden Sie selbst. Vor allem Sie als Person müssen sich damit wohl fühlen. Es gibt liberale und freundliche Vorgesetzte, für die die Mitarbeiter gerne arbeiten. Es gibt den „harten Lehrer", der andere zwar selten lobt, den aber alle Schüler verehren und, nicht zu vergessen, der sehr strenge Chef, vor dem die Mitarbeiter Angst haben, den sie aber gleichzeitig absolut respektieren.

Identifikation des richtigen Ansprechpartners in der Hierarchie

Es ist nicht immer einfach, den richtigen Ansprechpartner in chinesischen Unternehmen heraus zu filtern, insbesondere wenn man niemanden kennt oder einem keine Namen in der fremden Firma geläufig sind. Es kommt häufig vor, dass der erste Kontaktmann nicht zugibt, dass er eigentlich gar nicht der richtige Ansprechpartner ist und auch keine ausreichenden Befugnisse hat. Trotzdem pflegt er den Kontakt weiter und blockiert damit die Kommunikation.

Diese Art des Erstkontakts war für einen deutschen Unternehmer ein langwieriger Prozess. Er kontaktierte einen potentiellen Kunden in China und erklärte ihm zugleich sein Anliegen. Der erste Kontaktmann ließ ihn in dem Glauben, beim richtigen Ansprechpartner angelangt zu sein. Nach drei Monaten stellte der deutsche Unternehmer allerdings fest, dass der Mann nur ein Sachbearbeiter war. Er verlangte nach dem Manager, der eine Stufe höher stand, aber nach drei Monaten merkte er, dass dieser „zweite Mann" auch kein Entscheidungsträger war. Also musste er noch eine Stufe höher in der Hierarchie gehen.

Ein Aspekt des oben genannten Problems könnte sein, dass sich manche Chinesen gerne wichtig machen. Es könnte aber auch an der Hierarchie liegen. Chinesen legen Wert auf hierarchiebezogene Gleichstellung. Es wird davon ausgegangen, dass der Ansprechpartner für einen Manager prinzipiell ein Manager sein sollte, für einen Geschäftsführer ein anderer Geschäftsführer oder zumindest eine Person aus einer ähnlichen Hierarchieebene. Daher ist es für einen Einkäufer extrem mühsam, direkten Kontakt mit einem Manager als Kunde aufzunehmen. Bei großen Firmen ist es fast ein Ding der Unmöglichkeit, außer Sie vertreten eine berühmte Firma und möchten einkaufen.

Der einfachste Weg wäre ein Partner vor Ort, der bereits im Vorfeld Kontakte für Sie einfädelt. Anderenfalls versuchen Sie zuerst, auf der Webseite des Unternehmens den Namen einer Person zu finden. Je höher deren Rang, oder je mehr diese Person mit der zuständigen Abteilung zu tun hat, umso besser. Damit sparen Sie viel Zeit bei der Suche nach dem richtigen Partner. Besonders wichtig ist dies für Festland China. Ruft man eine unbekannte Firma an ohne eine bestimmte Person als Ansprechpartner zu nennen, landet man oft bei einem Sachbearbeiter oder bleibt bei der Empfangsdame hängen. Eine Mail an die gesamte Einkaufs- bzw. Vertriebsabteilung landet nicht selten im Papierkorb und wird nur in extremen Glücksfällen von jemandem bearbeitet.

Es war einmal ein deutscher Manager, der hatte eine Idee zum Kontaktaufbau mit neuen Firmen. Er ließ seine Sekretärin die Sekretärin des Chefs anrufen und die Nachricht übermitteln, dass ihr Chef gerne mit dem Chef der chinesischen Sekretärin sprechen würde. So baute er problemlos und schnell Kontakte mit den richtigen Personen auf. Eine tüchtige deutsche Managerin könnte an ausgesuchte potentielle Kunden schreiben, dass sie während ihrer China-Reise zufällig in deren Stadt vorbeikommt und auf Wunsch einen Besuch einplanen kann.

Nun kann auch der Fall eintreten, dass Ihnen auf einer Messe oder bei einem Geschäftsessen der Mitarbeiter eines Unternehmens zufällig eine Visitenkarte gegeben hat. Auch wenn dieser Kontakt bereits einige Zeit zurückliegt, oder Sie die Person gar nicht wirklich kennen, dürfen Sie sie trotzdem direkt kontaktieren. Diese Art der Kontaktaufnahme ist für Chinesen nicht ungewöhnlich. Die Hauptsache ist, Sie haben den Namen einer Person, die Sie ansprechen können. Auch wenn diese Person nicht zuständig ist, wird sie Sie mit Sicherheit an die richtigen Personen weiterleiten.

Haben Sie bereits Kontakt aufgenommen, prüfen Sie am besten, ob Sie auch bei der richtigen Person „gelandet“ sind. Der schnellste Weg, die Position einer Kontaktperson in der Hierarchie zu erkennen, ist das Organigramm *(Schaubild 2)*. Fast jede chinesische Firma hat ein Organigramm, welches der Öffentlichkeit zugänglich ist. Wenn Sie es nicht sofort erhalten, liegt das wahrscheinlich daran, dass die Firma das Organigramm nur in Chinesisch hat, und die Entscheidung für eine Übersetzung kann dauern. Warten Sie nicht lange, sondern fragen Sie nach der chinesischen Version und den dazugehörigen Namen.

Ein interessanter und grundlegender Unterschied in der Hierarchiestruktur zwischen Deutschland und China ist, dass es in Deutschland mehrere Geschäftsführer einer Firma geben kann. In China ist dies undenkbar. In einer Position kann es nur einen Namen geben, ansonsten droht Chaos.

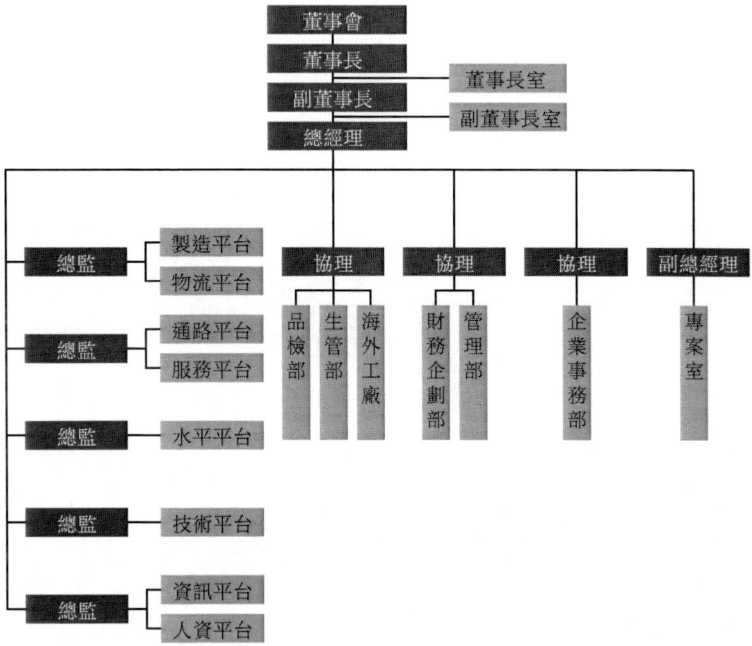

Schaubild 2: *Das Organigramm eines chinesischen Herstellers*

3. Aufbau des „Wir"-Gefühls – Gute Zusammenarbeit mit Chinesen

- Internationale Zusammenarbeit als interkulturelle Teamarbeit
  - Ein neuer Blickwinkel
  - Arten internationaler Teambildung
- Innerbetriebliche Zusammenarbeit als Grundstein internationaler Zusammenarbeit
  - Verständnis füreinander
  - Innerbetriebliche Solidarität als Firmenimage
  - Schutz der Firmeninteressen
- Wie denken Chinesen über die Zusammenarbeit mit Deutschen?
- Interkulturelle Teamarbeit mit Chinesen
  - Kulturbedingte Mentalitätsmerkmale
  - Unterschiede zum Teamverständnis
  - Absichtserklärung (Letter of Intent)
- Wichtige Grundlagen für die Zusammenarbeit mit Chinesen
  - Zwei Arbeitswelten im Einklang
  - Kontaktnetz langfristig sichern und bewahren
- Aufbau des interkulturellen Teamgeists
  - Das „Wir"-Gefühl
  - „Das große Ich" und „Das kleine Ich"
- Berücksichtigung chinesischer Besonderheiten bei der Teambildung
  - Hierarchie im Team
  - Teamregeln
  - Vertrautheit zwischen den Teammitgliedern
- Achtung! Die Stolpersteine
  - Die „unbedeutenden" Kleinigkeiten
  - Die fehlenden „Schnell-Absprachen"
  - Ähnlichkeitsfalle
  - Kulturelle Hindernisse
  - Berücksichtigung unterschiedlicher Arbeitsrhythmen
  - Stolpersteine der Chinesen
  - Stolpersteine der Deutschen
- Tipps und Handlungsempfehlungen
- Übungen

Internationale Zusammenarbeit als Interkulturelle Teamarbeit

Die Internationalisierung der Wirtschaft führt zu verstärktem Wettbewerb, der von Unternehmen fordert, schnell und kostengünstig Waren herzustellen und Projekte zu bearbeiten. Vor diesem Hintergrund globaler Produktions- und Absatzmärkte ist in der heutigen Arbeitswelt internationale Zusammenarbeit tägliche Realität. Die menschlichen und kulturellen Einflussfaktoren gewinnen in der Unternehmensführung allmählich die ihnen zustehende Aufmerksamkeit. Genauso wächst die damit einhergehende Anforderung an interkulturelle Handlungskompetenz, weltweit mit Menschen aus unterschiedlichen Kulturkreisen reibungslos zusammen zu arbeiten. Internationale Zusammenarbeit wird damit neu definiert und beinhaltet zugleich interkulturelle Zusammenarbeit.

EIN NEUER BLICKWINKEL

Das heutige Arbeitsumfeld erfordert einen Mentalitätswandel. Die Zeiten einer Wirtschaftsform, die ausschließlich innerhalb eines geschlossenen Handelsraums wie einer Nation oder einer Wirtschaftsunion stattfindet, gehören der Vergangenheit an. Handel ist längst nicht mehr nur länder- sondern auch kontinentübergreifend. In der gesamten Wirtschaftskette (Makroebene) funktioniert jedes darin involvierte Unternehmen (Mikroebene) wie ein Zweckbetrieb, der jeweils einen bestimmten Aufgabenbereich hat. Diese Unternehmen sind grenzübergreifend miteinander verwoben und voneinander abhängig. Funktioniert eine Zwischenstation nicht richtig, wird möglicherweise der gesamte Verkehrsstrom weltweit gestört. Als Beispiel für Güterströme nehmen wir einmal die Rohmaterialien von Stahl. Werden sie nicht pünktlich vom Lieferanten (Upstream) in Südkorea geliefert, wird die Fabrikation in China lahm gelegt, und der Kunde (Downstream) in Europa wird nicht rechtzeitig beliefert, siehe *Schaubild 3*. Dieser Butterfly-Effekt kann sich auf zahlreiche Firmen bzw. Industriezweige auswirken.

Damit der Produktionsfluss störungsfrei bleibt und Projekte planmäßig vorangetrieben werden können, ist es besonders wichtig darauf zu achten, dass im Fluss des Güterverkehrs keine Blockade entsteht. Der gewünschte Erfolg wird dann erreicht, wenn alle Schnittstellen fein aufeinander abgestimmt sind und wie Zahnräder ineinander greifen. Daher definiert der Begriff „Arbeitskollegen“ im erweiterten Sinn nicht mehr nur die Beschäftigten des eigenen Betriebs (firmenintern), sondern auch die anderer Unternehmen (firmenextern); nicht nur im Inland, sondern auch im Ausland. Personen, die an einem Projekt beteiligt sind, sitzen alle im gleichen Boot. Neben der Bewältigung eigener Aufgaben hat fast jeder noch eine wichtige Zusatzfunktion, nämlich die der Koordination mit den Up- und Downstream-Kollegen an der jeweiligen Schnittstelle. Wenn jeder den Produktionsbereich, für den er zuständig ist, funktionsfähig erhalten kann, ist das Geschäft auf dem besten Weg und in guten Händen. Auf diese Art kann man perfekte Teamarbeit ganzheitlich darstellen.

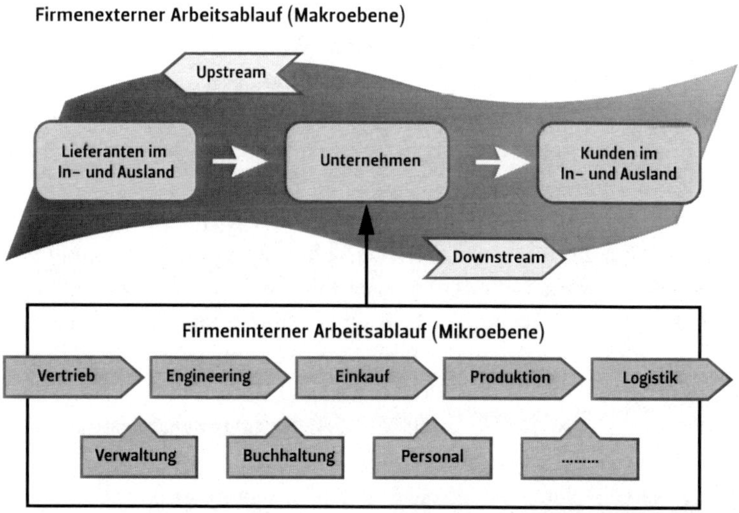

Schaubild 3: *Das Flussdiagramm geschäftlicher Tranksaktionen*

ARTEN INTERNATIONALER TEAMBILDUNG

In der Praxis internationaler Zusammenarbeit gibt es verschiedene Kooperationsformen wie Fusion, Joint-Venture, Auslandsniederlassungen/-büros, gemeinsame Forschungsprojekte, Vertrieb und Einkauf. Dabei ergeben sich zwei Möglichkeiten der Teambildung. Da gibt es zum einen die organisierte Teamzusammensetzung aufgrund des vereinbarten Zusammenschlusses zum Zweck der Kooperation wie z.B. bei Fusion, Joint-Venture und Auslandsniederlassungen. Die Arbeitsgruppe wird von Anfang an mit klaren Zielsetzungen sowie Aufgaben betraut. Die Gruppenmitglieder nehmen dadurch wahr, dass sie alle Teil eines Teams sind.

Parallel dazu gibt es das nicht organisierte Team, das durch Abschluss von Handelsgeschäften wie Export (Vertrieb, mit oder ohne einheimische Vertretungen) und Import (Waren- bzw. Materialbeschaffung) entsteht. In derartigen Kooperationsformen sind die ursprünglichen Absichten (Verkauf, Einkauf, Installation, Reparatur und ähnliches) klar definiert. Eine gute Zusammenarbeit zur erfolgreichen Durchführung des Handels wird zwar von beiden Seiten gewünscht, aber nicht thematisiert. Die Manager verhandeln üblicherweise über Geschäftskonditionen und die Sachbearbeiter übernehmen die weitere Abwicklung. In der Praxis arbeiten die Beteiligten beider Firmen eng zusammen oder kommunizieren fast täglich miteinander. Dennoch handelt jeder grundsätzlich eigenständig. Eine für beide Parteien vorteilhafte Teamarbeit kann zwar organisiert werden, aber sie entsteht meist nur durch Eigeninitiative der Einzelnen.

Unabhängig davon wie die internationalen Teams gebildet werden, haben sie ein gemeinsames Ziel: das Team muss funktionsfähig sein. Die gute Zusammenarbeit mit ausländischen Partnern/Kollegen hat bei jeder Kooperationsform einen gleich hohen Stellenwert. Für alle stellt sich dieselbe Herausforderung: Kommunikation mit geringem Verständigungsverlust trotz kultureller und sprachlicher Schranken. Was ist zu tun, um die Effektivität internationaler Zusammenarbeit zu gewährleisten? Den ersten Baustein findet man nirgendwo anders als im eigenen Betrieb, und er besteht darin, das innerbetriebliche Verhältnis wettbewerbsfähig zu gestalten.

Innerbetriebliche Zusammenarbeit als Grundstein internationaler Zusammenarbeit

Die Anforderung interkultureller Handlungskompetenz betrifft nicht nur die Frontpersonen wie Geschäftsführer, Projekt- und Vertriebsleiter oder Techniker, die geschäftlich unmittelbar mit ausländischen Partnern zu tun haben. Um Transaktionen erfolgreich abzuwickeln und im globalen Wettbewerb bestehen zu können, ist die Mitwirkung aller Mitarbeiter eines Unternehmens erforderlich. Die Kollegen im „Hintergrund“ wie in der Produktion, der Logistik, im

Einkauf, in der Personalabteilung oder Buchhaltung haben ebenso viel zum Geschäftserfolg beizutragen, wie die in exponierten Positionen. In der Realität ist die gelungene Zusammenarbeit innerhalb der eigenen Firma der Schlüssel zum Erfolg bei internationalen Aktivitäten. Jedes Betriebsmitglied trägt zum Gelingen von Transaktionen bei. Nur gemeinsam ist man stark und kann diese Stärke auch dauerhaft bewahren.

VERSTÄNDNIS FÜREINANDER

Der interne Zusammenhalt hat bei der Geschäftsabwicklung einen bedeutenden Stellenwert, denn er entschärft bereits im Vorfeld mögliche innerbetriebliche Spannungen und Konflikte. Chinesen haben, was Geschäfts- und Arbeitsabwicklung betrifft, in vielerlei Hinsicht eine unterschiedliche Herangehensweise sowie ein anderes Verständnis. Für die einzelnen Abteilungen ist es nicht immer einfach zu erfahren, mit welchen Schwierigkeiten die Kollegen in anderen Geschäftsbereichen wie z.B. Vertrieb oder Technik zu kämpfen haben. Je mehr man sich, unabhängig von einer bestimmten Abteilung, über die Besonderheiten der „großen weiten Welt" informiert, desto mehr kann man sich auf mögliche Überraschungen einstellen, und umso mehr Verständnis hat man für die Kollegen. Daher ist die Grundvoraussetzung für eine gute, internationale Kooperation eine gute betriebsinterne Zusammenarbeit. Um dies zu erreichen, ist die Aufrechterhaltung innerbetrieblicher Kommunikation und Verständigung enorm wichtig. Zum besseren Verständnis hier zwei Beispiele:

Ein Unternehmen möchte China als neuen Absatzmarkt erschließen und schickt einen erfahrenen Mitarbeiter für längere Zeit nach Fernost. Mit viel Geschick baut der Beauftragte innerhalb eines halben Jahres ein funktionierendes Büro auf und knüpft viele neue Geschäftskontakte. Nur die Bestellungen lassen auf sich warten. Die Erschließung neuer Märkte im Ausland ist mit hohen Kosten verbunden. Als nach einigen Monaten immer noch kein konkretes Geschäftsergebnis vorliegt, entstehen allmählich leichte Zweifel innerhalb des Betriebs. Warum dauert es so lange, und wo bleibt das Ergebnis? In Deutschland würde so etwas doch wesentlich schneller laufen!

China hat viele Geschäftsgepflogenheiten, die sich von denen Deutschlands unterscheiden. Oft versteckt sich der Teufel im Detail, was man aber erst in der Praxis herausfindet. Eine Geschäftsanbahnung läuft beispielsweise innerhalb Chinas anders als zwischen China und der Außenwelt. Nach chinesischem Brauch ist es fast unmöglich, einen Besuchstermin bei einer fremden Firma lediglich durch einen Telefonanruf zu vereinbaren – es sei denn, Sie bringen eine sehr gute Empfehlung mit. Dauerhafte Geschäftsbeziehungen zu neuen Firmen aufzubauen ist in China wesentlich schwieriger als in Deutschland. Es dauert in der Regel länger, bis Kontakte etabliert sind, und sich die dahingehenden Bemühungen auszahlen.

Ein schnelles Geschäft ohne vorherige Kontaktpflege ist durchaus möglich, jedoch nicht üblich. Voraussetzung dabei ist, dass der Kunde dringend etwas benötigt, und die Firma dem Kunden bekannt ist. Deshalb bemühen sich chinesische Kaufleute, so viele Kontakte wie möglich zu knüpfen, um bei den Zielgruppen möglichst bekannt zu werden und bei Ausschreibungen antreten zu können. Die wichtigste Vertriebsmethode neben allen anderen ist die persönliche Bekanntschaft. Wer in China Geschäfte macht, kennt das Wort „Urlaub" nicht. Das Handy ist 24 Stunden am Tag, sieben Tage pro Woche und 365 Tage im Jahr eingeschaltet. Unzählige Ess- und Trinkeinladungen müssen eingehalten werden. Man hetzt die meiste Zeit zwischen Büros und Restaurants hin und her. In Hongkong und Taiwan ist der Trend zum „Kampftrinken" zwar zurückgegangen (siehe das Kapitel „Essen und Trinken in der Geschäftswelt"), aber auf Chinas Festland gehören diese unmäßigen Trinkexzesse leider immer noch zur Pflichtübung. Die armen chinesischen Geschäftsleute und ihre Vertriebskollegen sind also nicht zu beneiden.

Durch Unverständnis im eigenen Betrieb würde sich der Auslandsbeauftragte noch einsamer fühlen, als es sowieso schon der Fall ist. Er lebt ja in China bereits sehr isoliert und müsste sich dann außerdem noch mit weniger Rückendeckung durchschlagen.

Ein zweites Beispiel für innerbetriebliche Zusammenarbeit ist die Beschaffung der Einkaufsprognose. Es ist in China nicht ungewöhnlich, dass Kunden keine Vorinformationen geben und einfach kurzfristig bestellen. Dies ist ungünstig für alle Produktionsfirmen, denn man kann weder den Einkauf noch die Herstellung vorausplanen. Was ist jetzt zu tun? Soll man den chinesischen Kunden über die Wichtigkeit längerfristiger Vorbestellung aufklären? Oder soll man ihm eine Lektion erteilen und sich weigern, ihn zu beliefern? Auf diese Weise würde er lernen, das nächste Mal frühzeitig zu bestellen. Würde das funktionieren und sich die Lage dadurch verbessern? Die Antwort ist nein.

Der Grund, warum chinesische Kunden die obige Lektion ignorieren würden, ist die immer stärker werdende Konkurrenz, die asienweit populäre Einstellung von „der Kunde ist König", und die daraus entstehende Bequemlichkeit. Der Markt Chinas ist groß und zieht Wettbewerber aus der ganzen Welt an. Hinzu kommt noch eine große Anzahl einheimischer Konkurrenten. Also sind chinesische Einkäufer extrem verwöhnt und lassen sich außerdem gerne betreuen/bedienen.

Zum Glück ist die Lage nicht aussichtslos. An diesem Punkt kommen die persönlichen Kontakte zur Geschäftsleitung und Einkaufsabteilung ins Spiel. Die chinesischen „Kunden-Könige" sind auch nur Menschen. Gewinnen Sie sie also zu Freunden. Nur so können Sie sie dazu bringen, Bestellungen im Voraus zu planen. Am Besten sprechen Sie sich intern mit den Vertriebs- und Einkaufskollegen ab und finden gemeinsam Möglichkeiten, das Verhalten des Kunden zu ändern.

INNERBETRIEBLICHE SOLIDARITÄT ALS FIRMENIMAGE

Ein hoher Grad innerbetrieblichen Zusammenhalts spricht für sich selbst und verleiht Ihrem Unternehmen das in Fernost so geschätzte strahlende Image. Die aktive Mitwirkung der Kollegen „hinter den Kulissen" hat dabei eine große Bedeutung. Jeder gelungene Kontakt mit Kunden und Lieferanten wirkt wie ein Magnet, der die Distanz zwischen beiden Firmen verringert und die Kommunikationseffizienz insgesamt erhöht. Je mehr Schnittstellen gut ineinander verzahnt sind, desto erfolgreicher arbeiten die beiden Firmen zusammen *(Schaubild 4)*, was bei China-Geschäften besonders wichtig ist. Stellen Sie sich einfach vor, dass innerbetriebliche Solidarität eine unwiderstehliche Anziehungskraft für umgebende Partnerfirmen ausstrahlt.

Chinesen sind für Stimmungen aus dem menschlichen Umfeld empfänglicher als Deutsche. Die Harmonie zwischen den Firmen ist nicht ausschließlich auf der Managerebene wichtig. Chinesische Geschäftsleitungen achten außerdem darauf, dass die Zusammenarbeit der Sachbearbeiter beider Firmen problemlos läuft, und auch die Techniker gut miteinander auskommen.

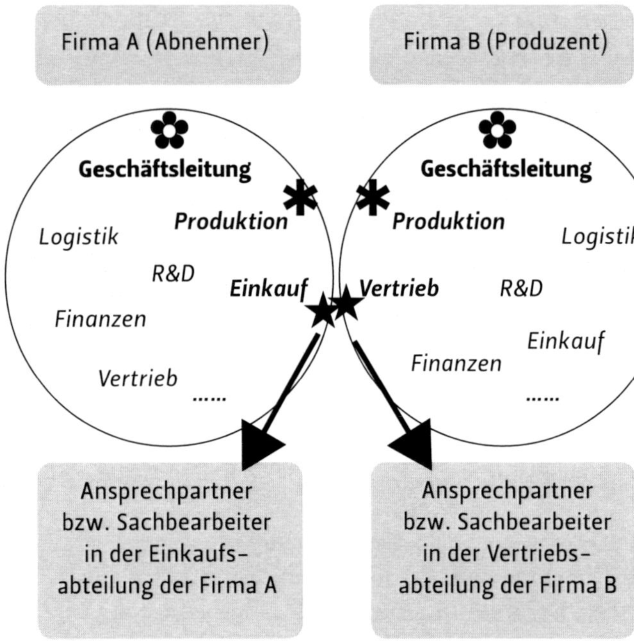

Schaubild 4: *Darstellung einer außerbetrieblichen Zusammenarbeit am Beispiel von Güterverkehr*

SCHUTZ DER FIRMENINTERESSEN

Seien Sie auf der Hut vor Leuten, die sich nicht scheuen, interne Querelen in Ihrer Firma zu ihrem Vorteil zu nutzen. Der innerbetriebliche Zusammenhalt kann das verhindern oder zumindest das Risiko verringern, dass sich Abteilungen gegeneinander ausspielen. Ein Beispiel hierzu wäre ein chinesischer Kunde, der nach Verhandlungsende beim Ranghöheren seines Verhandlungspartners einen zusätzlichen Abschlussrabatt herauszuschlagen versucht. Ohne vorherige Absprache mit dem Verhandlungsverantwortlichen würde jetzt eine Zustimmung dessen Autorität sowie seine Glaubwürdigkeit am Verhandlungstisch schwächen. Die Geschäftsleitung muss unbedingt hinter ihm stehen, denn dies ist die wichtigste Voraussetzung für erfolgreiche Verhandlungen.

Man kann dem chinesischen Kunden im obigen Beispiel nicht wirklich die Schuld zuschieben. Er versucht auch nur, genauso wie die andere Partei, das für seine Firma Günstigste aus dem Geschäft herauszuholen. Wenn er von der Geschäftsleitung noch zusätzlich etwas mehr bekommen kann und dabei Erfolg hat, besteht auch keine Veranlassung, es nicht immer wieder zu versuchen. In diesem Fall wird aber der deutsche Verhandlungspartner von ihm nicht ernst genommen. Wenn Sie merken, dass Ihr Partner einen ‚Chefrabatt' erwartet, sprechen Sie zuerst ab, ob der nicht schon im Vorfeld eingebaut werden sollte. Eine andere Taktik wäre, das Spiel „netter Onkel" (der Vorsitzende) und „böser Onkel" (der Verhandlungsverantwortliche) anzuwenden, natürlich nur nach vorheriger Absprache innerhalb der Firma.

Wie denken Chinesen über die Zusammenarbeit mit Deutschen?

Das tiefe Bedürfnis der chinesischen Mitarbeiter nach einer konfliktfreien Arbeitsumgebung ist aufgrund des kollektiven Kultureinflusses sehr groß. Der Wunsch nach einer gelungenen Zusammenarbeit mit den westlichen Partnern ist insgeheim noch stärker. Hier liegt der innige Wunsch aller Chinesen verborgen, dass chinesische Unternehmen eines Tages mit westlichen Firmen auf internationaler Bühne gleichgestellt, und Chinesen auf gleicher Ebene wie die westlichen Kollegen gewürdigt und geachtet werden. Dabei versuchen die Chinesen einerseits, auf ihrem Weg zur Verwestlichung und Internationalisierung die eigenen Wurzeln nicht zu verlieren, andererseits bemühen sie sich sehr um eine Überbrückung der kulturellen und mentalitätsbedingten Hürden. Diese Anstrengung gilt nicht nur für die technischen und operativen Aspekte der Wirtschaft, sondern auch für das Erlernen sozialer Kompetenzen. Am beliebtesten sind dabei westliche Werte und Normen wie Höflichkeitsformen, Offenheit, Pünktlichkeit, Disziplin, sachliche Haltung bei der Arbeit und moderne Unternehmensführung. Die aufgeführten Punkte sind für viele junge Chinesen zugleich ein Anreiz, für westliche Firmen zu arbeiten oder gerne mit ihnen zu kooperieren. Damit schaffen sie für sich einen Zugang zur westlichen Kultur. Deutsche Firmen bezahlen zwar nicht so viel wie amerikanische Unternehmen, sie bieten jedoch gute Aus- und Fortbildungen, faire Beförderungschancen und klare Perspektiven, was auf chinesische Angestellte einen guten Eindruck macht.

Heutzutage sind auf Chinas Arbeitsmarkt viele hervorragende Arbeitskräfte zu finden. Diese jungen Chinesen sind gut ausgebildet, selbstbewusst, dynamisch und ehrgeizig. Sie sind kreativ, stecken voller eigener Ideen und könnten für Ihr Unternehmen ein großer Gewinn sein. Achten Sie jedoch darauf, dass sie in einem anderen sozialen Umfeld aufgewachsen sind, und die deutsche Mentalität trotz Intelligenz und Fleiß nicht so schnell internalisieren können. Ein chinesischer Student in Deutschland hat das nach seinem anfänglichen Kulturschock einmal folgendermaßen beschrieben: Deutsche und Chinesen seien jeweils wie Bewohner des Nord- und Südpols. Beide Volksgruppen sind sich zwar sehr ähnlich, aber doch sehr weit voneinander entfernt. Sie sprechen einerseits von derselben Sache, haben dabei aber völlig verschiedene Bilder vor Augen.

Interkulturelle Teamarbeit mit Chinesen

KULTURBEDINGTE MENTALITÄTSMERKMALE

Die generell gängige Arbeitsart der Chinesen ist kollektive Gruppenarbeit mit ausgeprägter Hierarchie. Der Begriff „Teamarbeit" ist ein Import aus dem Westen. Seit geraumer Zeit machen sich die Chinesen begeistert mit dieser Terminologie vertraut. In vielen Firmen und Fabriken Chinas wird dieses Zauberwort von der Geschäftsleitung groß geschrieben und unermüdlich propagiert. Damit die Mitarbeiter das auch verinnerlichen, erheben viele Produktionsstätten Team-Mottos zu Firmendogmen, wie z.B. „Zusammen sind wir stark", „Solidarität ist Macht" (tuanjiejiushililiang 团结就是力量）, und schreiben sie gleich noch an die Wände. Das Auswendiglernen ist in China eine gute, alte Lehrmethode, um Verinnerlichung sicherzustellen. Einige Firmen benutzen nebenbei sogar streng militärische Disziplin, um die Mitarbeiter anzuleiten.

Man muss ehrlich zugeben, dass Teamarbeit in China aufgrund von Regionalismus, kompliziertem Beziehungsnetzwerk, Bildungsniveau sowie Vorteilsdenken nicht immer leicht zu fördern ist.

Der Konfuzianismus übt dabei auch einen negativen Einfluss aus. Konfuzianer sehen Bildung als das einzige Werkzeug an, öffentliches Ansehen zu erwerben sowie sozialen Aufstieg zu ermöglichen *(shidafu-*

Mentalität, 士大夫观念). Der beste Beruf ist Beamter, danach folgt Bauer, Handwerker und zuletzt Händler (士農工商).

Gegenwärtig genießen Wirtschaftskräfte hohes Ansehen. Dieser Denkansatz findet in der Bevölkerung eine riesige Resonanz. Den Kinder wird gesagt, dass die Universität die einzige Möglichkeit für ihre Zukunft ist. Mit hervorragenden Noten könne man auch die beste Arbeit bei den besten Firmen finden. Alle anderen Fächer, die nichts mit den Prüfungen zu tun haben, bleiben unbeachtet. Der soziale Rahmen und die Erwartungshaltung sind so starr, dass selbstständiges Denken und Handeln sowie jegliche Kreativität von Kindheit an unterdrückt werden.

Genau an dieser Schwachstelle der Chinesen liegt aber auch ihr größtes Potential – sie sind formbar. Dazu müssen Sie das Ziel konkret beschreiben, die Details ausführlich vorgeben und die Mitarbeiter sehr nachdrücklich zu bestimmten Verhaltensweisen auffordern. Nehmen wir als Beispiel Ihren Wunsch an die Mitarbeiter, eigene Meinungen oder Ideen offen auszusprechen. Sie müssen dabei ausdrücklich anordnen, dass in diesem Sinne jeder im wöchentlichen Abteilungsmeeting das Wort ergreift. Jeder, der umsetzbare Ideen gut vorträgt, wird belohnt. Auf diese Art gewöhnen sich Chinesen an solch eine neue Form der Kommunikation.

Konfuzianer befürworten weiterhin, dass man sich auf die Kultivierung der eigenen Ethik und auf Belesenheit konzentrieren solle, wenn man keine berufliche Zukunft als Beamter findet *(dushangqishen,* 独善其身). Dieses Denken hat sich im Laufe von 2000 Jahren zu einer passiven Lebensanschauung entwickelt, bei der man sich lediglich um sich selbst und das eigene Ich zu kümmern braucht. Die Anderen gehen einen nichts an. Ein Großteil der Chinesen fördert dieses egozentrische Verhalten. Bei Meinungsverschiedenheiten nehmen sie oft eine Abwehrhaltung ein. Die Folgen für die zwischenmenschliche Kommunikation sind enorm. Niemand außer den Meistern oder Ranghöheren dürfen über Fehler anderer sprechen. Unter Mitgliedern der gleichen Hierarchiestufe meint jeder, selbst der Beste zu sein. Aus dieser Haltung resultiert eine egoistische Selbstständigkeit, bei der man nur auf den eigenen Vorteil bedacht ist ohne Rücksicht auf andere zu nehmen. Die Kulturrevolution in den 60er und 70er Jahren hat diese Mentalität noch verstärkt.

Sind solche Personen eine Minderheit im Team, lässt sich deren passive oder unkooperative Haltung durch den vorherrschenden Teamgeist verändern. Als alternative Führungsmethode dienen dazu die „Soft Skills“ und gleichzeitiges Ausüben von Druck. Hier ein Beispiel zum besseren Verständnis: der chinesische Kollege in China hat „absichtlich“ den vereinbarten Werbetext ignoriert und einen eigenen Text zum Druck freigegeben. Wenn Ihr Versuch, diplomatisch und freundschaftlich mit ihm darüber zu sprechen scheitern sollte, ist der Zeitpunkt gekommen, mit ihm ein ernsthaftes Gespräch über Sachverhalte, Konsequenzen und Firmenregeln zu führen, um solche eigenmächtigen Handlungen in Zukunft zu unterbinden.

Obwohl derart egoistische Denkweisen selbst in China scharf kritisiert werden, sind sie trotzdem Bestandteil des Sozialverhaltens. In der interkulturellen Zusammenarbeit dürfen solche sozio-kulturellen Faktoren nicht unterschätzt werden, denn sie steuern die Denkweise der Menschen und lenken als Folge deren Handeln. Kollektivität ist nicht identisch mit Teamarbeit. Chinesen sind Individuen, die gerne kollektiv leben. Das Kollektiv steht zwar über den Einzelnen, wird jedoch von den Individuen gebildet und beeinflusst.

UNTERSCHIEDE ZUM TEAMVERSTÄNDNIS

Es ist interessant zu beobachten, wie eine Terminologie von zwei Völkern aus verschiedenen Kulturkreisen unterschiedlich verstanden wird. Der fremde Begriff „Teamarbeit“ wird zwar inhaltsgetreu ins Chinesische übersetzt. Dennoch wird die Umsetzung des Begriffs völlig anders verstanden und wahrgenommen.

Nach deutschem Verständnis ist ein Team eine Gruppe von Individuen. Eine Aufgabe wird zerlegt und auf das ganze Team verteilt. Gemeinsam werden die Regeln festgelegt und von allen akzeptiert. Sobald man sich auf eine Vorgehensweise geeinigt hat, wird das Projekt im Gang gesetzt. Alle Personen im Team sind gleichgestellt und eigenverantwortlich. Aber die Arbeit steht im Vordergrund und geht immer vor.

In China wird ein Team dagegen als homogenes Kollektiv verstanden. Die Aufgabe wird auch zerlegt und auf das ganze Team verteilt. Dabei wird vorher noch ein Teamleiter ernannt, der das Team samt Projekt führt, siehe *Schaubild 5*. Die Teammitglieder ordnen sich ihm unter, denn im Team gibt es eine Hierarchie. Jedes Teammitglied ist für seinen Aufgabenbereich eigenverantwortlich, untereinander sind sie gleich gestellt. Die Verantwortung jedoch trägt alleine der Teamleiter.

Das Verständnis des Begriffs Teamleitung basiert auf der Theorie der Ungleichheit der Menschen. Viele Chinesen vertreten die Meinung, dass Gleichheit zwischen Teammitgliedern nicht möglich sei, da Menschen von Natur aus unterschiedlich sind. Es gibt Menschen, die offen und selbstständig, aber auch solche, die schüchtern oder wenig selbstbewusst sind. Manche verhalten sich fair, andere agieren passiv, wieder andere sind von Natur aus fleißig, ehrlich oder unehrlich, und manche brauchen einen Anstoß von außen. Ein gutes Team entsteht nicht von selbst, daher muss Teamgeist gefördert werden. Berücksichtigt man die chinesischen Eigenschaften wie Konfliktscheu , fehlende Bereitschaft zu offenem Gespräch und das Bedürfnis nach Harmonie anstelle von Selbstdarstellung, dann ist es unrealistisch zu erwarten, dass ein Projekt nur durch Selbstdisziplin und ohne zentrale Reglementierung durchführbar ist und zugleich ein optimales Ergebnis hervorbringt. Streitigkeiten sind vorprogrammiert.

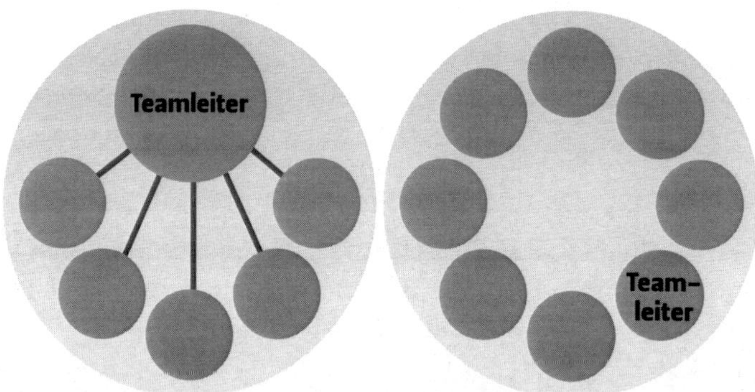

***Schaubild 5:** Verständnis der Teambildung in China (links) und in Deutschland (rechts)*

ABSICHTSERKLÄRUNG (LETTER OF INTENT)

Wer bereits mit chinesischen Partnern über Jointventures oder eine andere Form der Zusammenarbeit verhandelt hat, weiß, dass Chinesen Wert auf schriftliche Absichtserklärungen legen. Dieser ‚Letter of Intent' wird von beiden Firmen zusammen ausgearbeitet und mit

Unterschriften besiegelt. In der Erklärung werden die guten Absichten schriftlich festgehalten, sowie die Aufgabenverteilung beider Parteien zusammenfassend formuliert. In China ist die Absichtserklärung ein unverzichtbares Ritual. Chinesen untereinander versichern sich gerne gegenseitig ihres guten Willens. Dies wird nicht nur anfänglich gemacht, sondern man wiederholt es bei Bedarf immer wieder durch Gespräche, Gesten oder Handlungen. Das ist kein Zeichen des Misstrauens, sondern eine Floskel mit tieferem Sinn.

Die Rahmenbedingungen der Transaktion verändern sich häufig während der Durchführung aufgrund von Gesetzgebung, Wirtschaftslage sowie diverser personenbezogener Faktoren. Bei veränderten Konditionen ergibt sich unweigerlich ein Gesprächsbedarf über neue Vorgehensweisen und eventuell eine erneute Absichtsverständigung. Chinesen achten zudem äußerst gewissenhaft auf personenbezogene Faktoren, da diese sehr kompliziert sind und sich nur schwer regulieren lassen. Ein Lokalfunktionär könnte sich plötzlich ins Geschäft einmischen, oder ein Investor, der sich bisher im Hintergrund hielt, hat plötzlich eine neue Idee. All dies ist nicht vorhersehbar und bewirkt, dass die Karten neu gemischt werden müssen. Das Geschäftsmodell sowie die getroffenen Vereinbarungen müssen vielleicht neu gestaltet oder verhandelt werden. Daher wird eine Absichtserklärung relativ schwammig formuliert, und dient als eine Art Absicherung und Grundlage für eine mögliche Nachverhandlung. Was Sie unbedingt wissen sollten ist, dass eine solche Absichtserklärung in Festland China juristisch bindend ist und die Grundlage eines späteren Joint-Venture-Vertrags bildet. Behandeln Sie sie daher mit größter Aufmerksamkeit.

Wichtige Grundlagen für die Zusammenarbeit mit Chinesen

Um eine gute Zusammenarbeit mit Chinesen zu ermöglichen, genügt es nicht, nur die eigene Arbeit planmäßig und korrekt zu erledigen. Sie müssen zusätzlich noch ein bisschen mehr tun. Was Sie zusätzlich investieren sollten, ist Ihre Zeit und Aufmerksamkeit. Wenn Sie verstehen, was die Chinesen neben der Profiterwirtschaftung von einer guten Zusammenarbeit und den deutschen Partnern/Kollegen erwarten, tun Sie sich wesentlich leichter zu handeln und zu reagieren.

ZWEI ARBEITSWELTEN IM EINKLANG

Nach chinesischem Verständnis besteht eine ganzheitliche Arbeitswelt aus zwei wichtigen, voneinander untrennbaren Teilen. Ein Teil ist die Geschäftswelt, der andere die Menschen. Das Geschäft steht als Mittelpunkt aller Ereignisse und Zusammenkünfte im Vordergrund. Geschäfte werden aber ausnahmslos von Menschen getätigt, siehe *Schaubild 6*. Daher lässt sich ein Geschäft nur dann mit Erfolg abwickeln, wenn die zwei Arbeitswelten (Geschäft und Menschen) in Einklang gebracht und gut aufeinander abgestimmt werden.

Das erklärt auch, warum auf gute zwischenmenschliche Beziehungen im asiatischen Berufs- und Geschäftsleben so großer Wert gelegt wird.

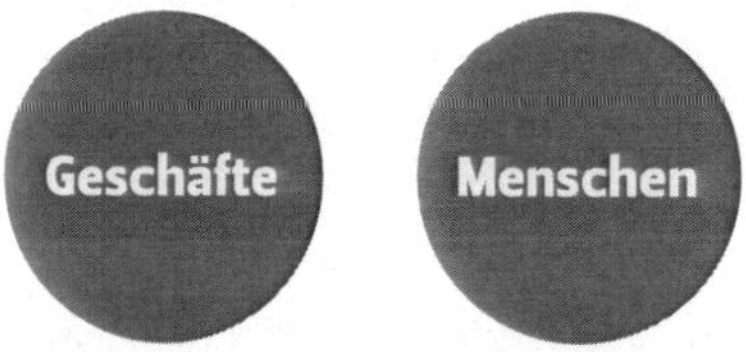

Geschäfte + Menschen = Geschäfte machen

Geschäfte		Menschen		Geschäfte machen
	+	(Kontakte)	=	
[Hard Skills]		[Soft Skills]		

Schaubild 6: *Zwei Arbeitswelten im Einklang*

Menschen und Geschäfte auf einen gemeinsamen Nenner zu bringen, erfordert große Aufmerksamkeit und viel Geschick. Es kann anfänglich recht anstrengend sein, vor allem wenn man wenig Übung darin hat. Man muss nämlich stets behutsam agieren und darauf achten, dass die Grenzen zwischen Gegenseitigkeit (positiv) und Korruption (negativ) nicht verwischt werden. Geschickte Verwaltung der Kontakte und diplomatisches Handeln sind hier gefragt. Der Verhaltensgrundsatz hierbei besteht darin, dass man im geschäftlichen Bereich professionell handelt und durchführt, was man für richtig hält (Hard Skills). Dabei sollte aber die Kontaktpflege mit Geschäftspartnern und Kollegen nicht vernachlässigt werden (Soft Skills).

KONTAKTNETZ LANGFRISTIG SICHERN UND BEWAHREN

Bei der Verwaltung von Geschäften und Menschen (Kontakten) ist es empfehlenswert, zukunftsorientiert zu denken und Kontakte nicht nur für den Augenblick, sondern als bleibenden Faktor anzusehen. Deutsche und Chinesen messen einer Partnerschaft, an die gleichzeitig eine Freundschaft geknüpft ist, große Bedeutung bei. Geschäftsangelegenheiten sind zeitlich begrenzt, eine Freundschaft entwickelt sich darüber hinaus und ist zeitübergreifend. Die Freundschaft bietet also eine Grundlage für neue, weiterführende Geschäftsmöglichkeiten.

Erweitern Sie Ihr Denkspektrum über die Gegenwart hinaus. Dehnen Sie die Grenzen Ihrer Zeitvorstellung aus, denken Sie weiter. Die Zeiteinheit spielt hier keine Rolle, eine Stunde könnte auch die Bedeutung eines sehr langen Zeitraums haben. Es ist zweitrangig, ob es sich um ein halbjähriges IT-Projekt, um ein großes Projekt wie den zweijährigen Aufbau eines Werks in China oder um die Leitung einer Niederlassung in Fernost handelt. Verwalten Sie Kontakte mit folgendem grundlegenden Konzept: pflegen Sie eine Partnerschaft genauso wie eine Freundschaft und bewahren Sie Ihre Kontakte sorgfältig. So wird Ihnen Ihr mühevoll aufgebautes Kontaktnetz nachhaltig von Nutzen sein.

Zum Nachdenken:
Ein chinesischer Geschäftsmann stellt Ihnen seinen Freund vor. Sie haben jedoch nicht den Eindruck, dass eine wirkliche Freundschaft zwischen den beiden besteht. Wie sollen Sie das Verhältnis zwischen den Herren verstehen? Hat der Chinese zu dick aufgetragen, um mit seinem „großen" Kontaktnetz anzugeben? Sind die beiden tatsächlich befreundet, und man erkennt es nur nicht? Handelt es sich nur um eine geschäftliche Bekanntschaft?
Denken Sie zuerst nach, ohne die Erklärung vorher zu lesen.

Erklärung:
In der deutschen Sprache ist der Beziehungsgrad zwischen zwei Personen sehr genau definiert. Es gibt Freundschaften, Bekanntschaften und Geschäftsbeziehungen. Im privaten Bereich unterscheidet man zwischen Bekannten, guten Bekannten, Schulfreunden, Freunden oder guten Freunden. Im Geschäft gibt es noch die Arbeitskollegen, befreundete Firmen und Geschäftsfreunde.

In China gibt es dieselben Unterscheidungen beim Freundschaftsgrad. Allerdings wird das Wort „Freund“ im chinesischen Sprachgebrauch sehr großzügig verwendet. Sobald man sich kennen lernt, ist man jemandes „Freund“. Das wird so formuliert: er ist der Freund aus Peking, oder sie ist die ausländische Freundin aus Deutschland. Richtig, alle Menschen auf der Welt sind Freunde.
Wenn Sie über das wirkliche Verhältnis zwischen zwei Menschen Bescheid wissen möchten, müssen Sie die Gesamtkonstellation beobachten. Urteilen Sie am besten während der Unterhaltungen, beim Small Talk mit den beiden, oder sogar durch Einbeziehung von Drittpersonen. So können Sie erkennen, wie eng die beiden miteinander befreundet sind.

Aufbau des interkulturellen Teamgeists

Die wichtigste und wahrscheinlich auch schwierigste Aufgabe einer funktionsfähigen Zusammenarbeit ist es, die daran beteiligten Personen zu einem Team zusammenzuschweißen. Die vorgegebenen Rahmenbedingungen wie unterschiedlicher kultureller Hintergrund, andere Erwartungshaltungen sowie Vorstellungen der Beteiligten machen das nicht leicht. Die große Herausforderung liegt darin, dass das Team von allen als Priorität angesehen, und die gemeinschaftliche Interessenslage sehr ernst genommen wird. Um dieses Ziel zu erreichen, ist es von großer Bedeutung, eine gemeinsame Vertrauensbasis zwischen den chinesischen Kollegen und Partnern zu schaffen. Dafür ist das wichtigste Instrument das „Wir“-Gefühl.

DAS „WIR“-GEFÜHL

Für Chinesen bedeutet ein Team eine Gemeinschaft. Die Firma *(gongsi,* 公司*)* ist eine große Gemeinschaft. Gerne beschreiben die leitenden Manager Chinas die Firma als ein Schiff. Der Geschäftsführer ist der Kapitän, der das Schiff auf dem richtigen Kurs hält. Die Seemänner sind alle Mitarbeiter, die unter der Leitung des Kapitäns als eine Einheit arbeiten. Eine gute Firma ähnelt außerdem einem Hafen, der Sicherheit bietet, genauso wie die Familie *(jia,* 家*)*. Dieses wechselseitige Verhältnis zwischen Firma und Familie lässt sich häufig im Sprachgebrauch der chinesischen Angestellten wieder erkennen. In informellen und etwas vertraulicheren Unterhaltungen werden oft Ausdrücke wie ‚unsere Firma‘ (*women gonsi,* 我们公司) bzw. ‚unsere Familie‘ (*wo-*

men jia, 我们家) und ‚eure Firma' (*nimen gonsi*, 你们公司) bzw. ‚eure Familie' (*nimen jia*, 你们家) verwendet. Diese Worte drücken das Zugehörigkeitsgefühl zur Firma aus.

In der Tat fungieren asiatische Unternehmen häufig sowohl als Einkommensquelle wie auch als Sozialamt. Soziale Vorsorge und Absicherung ist in China Sache des Einzelnen. Neben der geringen gesetzlichen Renten- und Krankenversicherung übernehmen die Arbeitgeber auf freiwilliger Basis weitere soziale Aufgaben. Manche Firmen zahlen Zuschläge für Trauer- oder Hochzeitsfeiern, vereinzelt werden sogar Schulgeld oder Stipendien für die Kinder der Mitarbeiter angeboten. In gut funktionierenden Firmen- oder Großgemeinschaften ist eine Art Großfamilienstimmung zwischen den Kollegen zu spüren. Sie verbringen viel Freizeit miteinander; zu Anlässen wie Hochzeiten und Geburten tauschen sie Geschenke aus. Im Notfall kommt auch mal jemand aus dem Büro vorbei und springt spontan als Babysitter ein.

Der Teamgeist entsteht aus dem Zugehörigkeitsgefühl, wird aber mit einem anderen Wort bezeichnet als das Gemeinschaftsgefühl, und ist anders als das „Wir-Gefühl" zu verstehen. Die Bildung des „Wir-Gefühls" ist ein langwieriger Prozess. Er beginnt damit, dass „wir Arbeitskollegen bzw. Geschäftspartner sind ". Im Lauf der Zeit wächst daraus die Einsicht „Wir können gut zusammenarbeiten". Dann wird wahrgenommen, dass „wir uns gut verstehen", daraus entsteht der Wunsch „wir sollten mehr zusammen unternehmen". Bei weiterer Entwicklung könnte es sich zu gegenseitigem Vertrauen ausweiten: „Ich kann mich auf dich verlassen, und du genauso auf mich". Im ersten Moment scheint diese Entwicklung zeitaufwendig zu sein. Sie werden es aber anders sehen, sobald Sie dies als Selbstverständlichkeit am Arbeitsplatz betrachten, und es in die Arbeitsphilosophie integrieren.

Um die familiäre Kollektivität zu fördern und den Teamgeist zu formen, haben chinesische Unternehmen kreative Ideen. Da gibt es rituelle Gemeinschaftsübungen wie Morgengymnastik oder tägliche Zeremonien zum Arbeitsbeginn, wenn im Chor stimmgewaltig die Firmenphilosophie aufgesagt wird. Es gibt einerseits die harte Methode, das Personal mit strenger Disziplin wie beim Militär zu verwalten und zu trainieren. Sanfte Methoden patriarchalischer Zuwendung sind andererseits die Organisation gemeinschaftlicher Veranstaltungen wie z.B. Sport, Ausflüge, Abteilungsessen und Neujahrsfeiern. Die Teilnahme der Familienangehörigen an Sportveranstaltungen und Ausflügen ist erwünscht und wird von den Firmen auch subventioniert. Es gibt außerdem noch Aktionen zur Förderung der Firmenidentität wie z.B. die Verteilung von Firmenuniformen, -mützen, -anstecknadeln und -krawatten, die bei den Angestellten das Firmenzugehörigkeitsgefühl wecken und stärken sollen.

Die Vergütungsbasis ist in China anders geregelt als in Deutschland. Generell ist das Grundgehalt niedrig. Dazu kommen allerlei primäre Zusatzgelder in der Form kleiner Summen wie Feiertagszuschläge, Boni und Überstundengeld. Selbstverständlich gibt es auch Neujahrsgeld ähnlich dem deutschen Weihnachtsgeld.

Je nach Rangstufe der Mitarbeiter wird auch noch über Auto- oder Wohnungszuschüsse verhandelt, oder die Firma unterstützt Mitarbeiter aus anderen Provinzen beim Erwerb des Umsiedlungsrechts in die Stadt des Arbeitgebers. Die für Europäer als selbstverständlich angesehene Freiheit, einen Ortswechsel vorzunehmen, gibt es in China zwischen den Provinzen nicht. Die meisten chinesischen Unternehmen ziehen addierte Vergütungsmethoden einer pauschalen Zahlung vor. Der Hintergrundgedanke dabei ist zum einen, dass die Mitarbeiter aus psychologischen Gründen mit mehrmaligen, kleinen Zuschüssen zufriedener sind als mit der einmaligen Auszahlung einer größeren Summe. Zum anderen werden sie auf diese Art immer daran erinnert, wie sehr die Firma sich um sie kümmert.

Selbstverständlich bieten nicht alle Firmen in China ihren Mitarbeitern so viele Vergünstigungen. Es gibt auch solche, die sich nur für den eigenen Profit und nicht für die Menschen interessieren. Die Bindung zwischen Arbeitgeber und Arbeitnehmer ist dabei schwach. Die Angestellten wechseln im Vergleich zu anderen Firmen sehr häufig die Arbeit, um besseres Gehalt und Aufstiegsmöglichkeiten zu erreichen. Die oben geschilderte Beziehung ist ausschließlich gehaltsorientiert. In solchen Betrieben ist nicht der geringste Hauch von „Wir"-Gefühl zu spüren.

In einer Abteilung bzw. einem Arbeitsteam ist der Aufbau des eigenen „Wir"-Gefühls ebenso wichtig wie in einem Unternehmen. Oft ist ein Wettbewerb zwischen Abteilungen, oder Arbeitsgruppen innerhalb einer Abteilung zu beobachten. Manche davon sind von bestimmten Zielsetzungen gesteuert, wie z.B. um durch gesundes Wettbewerbsdenken zwischen Tag- und Nachtschicht die Produktivität in der Montageabteilung zu steigern. Sofern dieser Wettbewerb nicht zur Störung des Gemeinschaftsgefühls führt, kann er sich als positiver Beitrag zum Teamgeist erweisen.

Zum Nachdenken:
Hätten Sie Verständnis dafür, dass der Partner geschäftliche und private Angelegenheiten miteinander verbindet?
Denken Sie zuerst nach, ohne die Erklärung vorher zu lesen.

Erklärung:
Für Chinesen ist der Arbeitsplatz ein Bestandteil des Lebens. Sie trennen nach Beendigung der täglichen Arbeitszeit nicht zwischen Privat- und Geschäftsleben. Im Gegenteil sind zwischenmenschliche Beziehungen in China sowohl im privaten, als auch im geschäftlichen Bereich häufig ineinander verwoben. Anfänglich kommen Menschen aus Geschäftsgründen zusammen und werden später zu Freunden. Wenn man sich gut versteht, spricht nichts dagegen, sich neben den geschäftlichen Angelegenheiten auch privat zu treffen.
Es ist daher in China ganz normal, die Freizeit je nach Anzahl der Kontakte mehr oder weniger mit den Arbeitskollegen oder Geschäftsfreunden zu verbringen, indem man zum Beispiel gemeinsam zum Essen oder Trinken geht, Ausflüge unternimmt oder Sport treibt. Das macht man zwar nicht jeden Tag, aber dennoch ziemlich häufig.
Spielen Sie dieses Spiel einfach mit. Es beansprucht zwar Ihre Zeit, aber Sie werden merken, dass dieses Verhalten, als Ganzes betrachtet, sehr lohnend ist.

„DAS GROSSE ICH" UND „DAS KLEINE ICH"

Ein „Wir" besteht aus vielen „Ichs". In den „Ichs" lassen sich „Das große Ich" *(dawo, 大我)* und „Das kleine Ich" *(xiaowo, 小我)* voneinander unterscheiden. „Das kleine Ich" ist das Individuum im ursprünglichen Sinn. „Das große Ich" hingegen ist die Familie, die Abteilung, die Firma, die Vereine oder das Land, siehe *Schaubild 7*. Das große und kleine Ich bilden zusammen ein „Wir". „Das kleine Ich" ist Teil des „großen Ich" und ordnet sich mental und hierarchisch unter, siehe *Schaubild 8*. „Das kleine Ich" im erweiterten Sinn ist eine kleine Einheit bestehend aus mehreren Personen wie z.B. ein Team oder eine Abteilung, siehe *Schaubild 9*. Das Zugehörigkeitsgefühl entsteht aus der Verbindung „Ich“ + „Firma“ = „Wir“. Für Chinesen ist das die wichtigste Motivation bei der Teambildung. Es geht dabei um das Gefühl einer Gruppe anzugehören, für die man gerne etwas tut, und für die man sich im Notfall sogar opfern würde.

Schaubild 7: *Beispiele für „Das kleine Ich“ und „Das große Ich“*

Schaubild 8: *Das Verhältnis zwischen den Einzelnen und der zugehörigen Gruppe*

In einem funktionierenden Team mit vorherrschendem Wir-Gefühl verliert das Gesicht jedes einzelnen „kleinen Ichs“ die Konturen und verschmilzt mit den Anderen zu einer Einheit. Es gibt keine „Ichs“

mehr, sondern nur ein „Wir". Jedes Mitglied ist stolz darauf, dazu zu gehören. Von außen betrachtet wird dann nur noch ein einheitliches „Gesicht" wahrgenommen, und man hört auch nur eine einheitliche bzw. eine kollektive Meinung. In solch einem Team ist der vielzitierte Teamgeist deutlich zu spüren. Das beschriebene „Wir" vermittelt zugleich die gruppeninterne und innerbetriebliche Solidarität, die von Chinesen so ungemein hoch geschätzt wird.

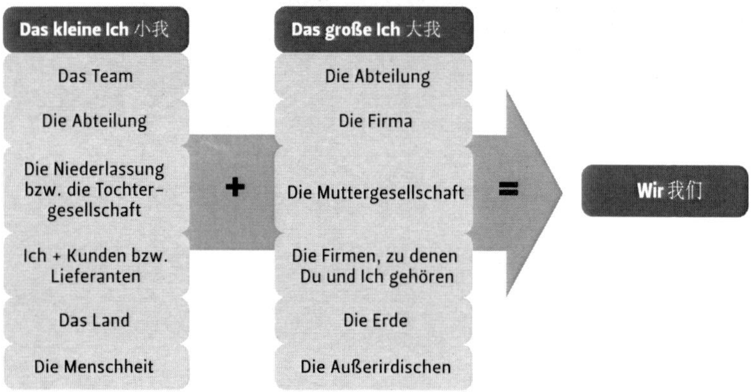

Schaubild 9: *„Das kleine Ich„ und „Das große Ich" im erweiterten Sinn*

Was passiert nun, wenn die vielen „kleinen Ichs" der Gruppe eigene Konturen beibehalten, und jedes Teammitglied auf dem eigenen „kleinen Ich" beharrt? Was geschieht, wenn Abteilungen miteinander konkurrieren anstatt zu kooperieren? Diese Situation ist wahrscheinlich die schlimmste, die bei einer Teambildung passieren kann. Es existiert kein „Wir", jeder arbeitet und handelt nur für sich selbst und alleine, und die Kommunikation verläuft als Einbahnstrasse. Die Mitarbeiter sehen sich nicht als Kollegen, sondern als Konkurrenten. Die Folge davon ist, dass die aggressiveren Teammitglieder versuchen, ihren eigenen Willen durchzusetzen und die Lorbeeren für sich einzuheimsen. Passiv Veranlagte werden noch passiver, und die Verantwortungsbewussten in der Gruppe werfen das Handtuch. Wenn Sie merken, dass manche Personen in einem Team viel mehr zu sagen haben als andere, sollte Ihnen dies als Warnsignal dienen. Ein weiteres Zeichen dafür ist die gegenseitige Schuldzuweisung bei Fehlern anstelle des Versuchs, den Kollegen in Schutz zu nehmen.

Die Bildung eines „kleinen Ichs“ zwischen Kunden und Verkäufer ist wahrscheinlich die anstrengendste Beziehungsbildung, da es hier lediglich um den (einseitigen) Wunsch des Verkäufers geht. Ein „Wir“-Gefühl in dieser Situation kann nur durch Anstrengung und Eigeninitiative geschaffen werden. Bei Erfolg stehen dem Verkäufer dann allerdings sämtliche Türen offen. Wir sprechen hierbei über Kundenbindung, die für alle Kaufleute der Welt die gleiche Herausforderung darstellt. Gewiefte Kaufleute verfügen sowohl über fachliche Kompetenz, als auch über diplomatisches Geschick und interkulturelle Handlungskompetenz.

Zum Nachdenken
Bewerten Sie das Beziehungsverhältnis zwischen Ihnen und Ihrem chinesischen Geschäftspartner, Kollegen, Kunden oder Lieferanten. Können Sie ein „WIR“-Gefühl feststellen? Wenn nicht, was könnten Sie dagegen unternehmen?
Denken Sie zuerst nach, ohne vorher „Tipps und Handlungsempfehlungen“ auf Seite 89 zu lesen.

Berücksichtigung chinesischer Besonderheiten bei der Teambildung

Es ist durchaus möglich, deutsche Firmen- und Teamkultur in einem deutsch-chinesischen Team einzuführen. Achten Sie jedoch bei der Auswahl der Teammitglieder und der Durchführung des Projekts auf einige kritische, kulturspezifische Konfliktstellen, bevor die chinesischen Mitarbeiter deutsches Verständnis und deutsche Mentalität verstehen und verinnerlichen können.

HIERARCHIE IM TEAM

Auch ein sehr liberales, chinesisches Team ist trotzdem hierarchisch strukturiert. Zuerst muss in jedem Fall die Frage der Entscheidungsbefugnis völlig geklärt sein. Das ist in einer Hierarchie recht einfach. Der Ranghöchste der Kollegen ist in der Regel auch der Teamleiter und steht an der Spitze dieser kleinen Pyramide. Die restlichen Teammitglieder sind untereinander gleichgestellt. Bei der Zusammensetzung des Teams und der Auswahl der Teammitglieder müssen die Kompetenzen der verschiedenen Personen und deren Rangstufen in die Überlegung mit einbezogen werden, sonst ist das Chaos vorprogrammiert. Stellen Sie sich vor, ein Manager der mittleren Ebene leitet ein Projekt. Im Team sitzt aber eine ranghöhere Person, die sich einerseits dem Teamleiter unterordnen soll, andererseits aber in der Firma über ihm steht. Das kann nicht gut gehen!

Es muss dabei auch berücksichtigt werden, ob die Kandidaten neben der fachlichen Kompetenz gut mit den Kollegen zusammenarbeiten können und teamfähig sind. Der Teamleiter hat am meisten zu tun, da er die Seele des Teams bildet und für die ‚Teamkultur' verantwortlich ist. Er trägt die Verantwortung für das gesamte Team und dessen Erfolg, und er koordiniert ausserdem die Aufgaben zwischen den Teammitgliedern. Es gehört auch zu seinem Zuständigkeitsbereich, den Zeitplan einzuhalten und dem Vorsitzenden Bericht zu erstatten. Deshalb hält er regelmäßig Rücksprache mit dem Team, um Arbeit und Zeitplan immer wieder aufeinander abzustimmen. Sobald das Team die Arbeit abgeschlossen hat, muss er die individuellen Teilergebnisse zu einer Einheit verschmelzen.

Teamführung besteht hauptsächlich aus Arbeitskoordination und Personalführung. Ein guter Teamleiter besitzt einen starken Lernwillen sowie die Fähigkeit zu koordinieren. Er ist intelligent und belastbar, kann zuhören und kommt bei der Arbeit und privat mit den Teammitgliedern gut zurecht. Er kann die Fähigkeiten der Einzelnen erkennen und sie miteinander kombinieren.

Nicht jeder Teamleiter verfügt über die oben genannte Führungsqualität. Aus diversen Gründen kommt es manchmal vor, dass Personen mit mangelnder Kompetenz wichtige Positionen innehaben. Wenn eine Gruppe trotz mäßiger Leitung eine hervorragende Arbeitsleistung vorweist, verbirgt sich der wahre Leiter oft im Hintergrund. Demnach hören alle auf ihn, denn nur er kann aktivieren und mobilisieren. Er hat das Team zusammengehalten und zu Höchstleistungen geführt. Sollten Sie eine solche Führernatur bei einem Ihrer Mitarbeiter erkennen, dann bringen Sie ihn auf Ihre Seite, und Sie werden die ganze Mannschaft für sich gewinnen!

TEAMREGELN (建立制度)

Ein wichtiger, organisatorischer Schritt ist es, sich über die Teamregeln zu einigen. Insbesondere müssen schon im Vorfeld Feinheiten wie die Vorgehensweise, Arbeitsrhythmus und -methoden sowie das Auftreten nach außen abgesprochen werden. Im Vergleich zu Europäern sind Chinesen deutlich rollenbewusster. Daher ist es für sie von Anfang an wichtig zu wissen, was sie zu tun haben, und in welche Richtung sie sich orientieren sollen. Vorherige Absprachen über die Spielregeln geben psychische Sicherheit und helfen ihnen, sich in jeder Situation angemessen zu verhalten.

Übung:
Sie leiten seit drei Monaten eine Tochtergesellschaft in Shanghai und machen gemeinsam mit dem Vertriebsleiter und einem Techniker einen Kundenbesuch. Ihnen fällt auf, dass sich beide Kollegen dem Kunden gegenüber überraschend passiv verhalten und wenig sagen. Sie müssen die meiste Zeit die Gesprächsführung alleine in die Hand nehmen. Eigentlich hätten Sie sich aber von den Kollegen mit den jeweiligen Fachkompetenzen Beiträge gewünscht, um den Kunden von der Stärke der Firma zu überzeugen.
Zwei Tage später erfahren Sie vom Techniker, dass Sie während des Besuchs den Kunden über Einzelheiten der technischen Installation falsch informiert haben. Sie sind sehr verärgert. Warum stellte der Techniker das nicht sofort vor Ort richtig? Wollte er Sie absichtlich vor dem Kunden bloßstellen, oder kann der Mann nicht selbstständig denken?
Überlegen Sie zuerst, ohne die Erklärung vorher zu lesen.

Erklärung:
In der Geschäftswelt Chinas hat die Einheit der Gruppe bei Treffen mit anderen Firmen höchste Wertigkeit. Chinesen achten äußerst genau darauf, dass sie vor Firmenfremden nur mit einer gemeinschaftlichen Meinung auftreten, insbesondere wenn es sich um eine wichtige Angelegenheit handelt. Jeder ist sich des übergeordneten Ziels bewusst und hält sich streng an die eigene Rolle. Im obigen Fall findet beim Kundenbesuch automatisch eine Teambildung mit drei Personen, Geschäftsführer (Sie), Vertriebsleiter und Techniker statt. Der Geschäftsführer ist selbstverständlich auch der Teamleiter. Für Chinesen ist keine Abstimmung darüber nötig, wer das Kundengespräch führen soll. Das

angemessene Teamverhalten besteht darin, sich ruhig zu verhalten und auf Anweisungen des Teamleiters entsprechend zu reagieren.
Da Sie sich vorher nicht über mögliche Situationen sowie entsprechende Verhaltensweisen abgesprochen haben, verhielten sich Ihre Teammitglieder während des Kundenbesuchs nach chinesischem Verständnis korrekt. Es war ebenso korrekt, dass Sie der Techniker erst hinterher auf Ihren Fehler hinwies.
Es wäre ein grober Verstoß seinerseits, wenn er Sie vor dem Kunden darauf aufmerksam machen würde. Erstens verletzt er dadurch die Einheit des Teams (Kollektiv), zweitens missachtet er die Hierarchie, da er einem Ranghöheren gegenüber ohne dessen Zustimmung eigenmächtig handelt. Drittens missachtet er auch noch die wichtige Gepflogenheit Chinas, seinem Vorsitzenden vor firmenfremden Personen Respekt zu zeigen.
Die chinesische Vorgehensweise bei Verhandlungen schreibt vor, dass der Teamleiter die Gesprächsführung übernimmt. Die anderen Mitarbeiter agieren quasi im ‚Standby-Modus'. Auf Fragen des Kunden gibt der Teamleiter Anweisung, welches Teammitglied antworten soll. Es kommt äußerst selten vor, dass Chinesen inkorrekte Aussagen von Kollegen vor allen Anwesenden korrigieren, auf keinen Fall berichtigt man Äußerungen des Chefs. Erst wenn man sich wieder in der eigenen Firma befindet, diskutiert man über Vorgefallenes, etwaige Verbesserungsmöglichkeiten und weitere anstehende Schritte.
Sprechen Sie also vorher mit Ihren Mitarbeitern die geplante Vorgehensweise ab. Wenn Sie mit den Geschäftsgepflogenheiten Chinas noch nicht vertraut sind, holen Sie ruhig die Meinung chinesischer Mitarbeiter ein, und fragen Sie nach der besten Vorgehensweise. Danach erteilen Sie als Chef Ihre Zustimmung bzw. eine Anweisung. Auf diese Art bekommen Sie einen klaren Überblick und werden Ihrer Rolle als Chef gerecht.
Bedenken Sie außerdem, dass Sie neu in der Firma sind. Die chinesischen Mitarbeiter kennen Ihre Art nicht, und daher könnte es sein, dass sie sich nicht die Freiheit nehmen, Ihnen gegenüber offen zu reden. Zeigen Sie ihnen Ihre Arbeitsweise, und sagen Sie klar und deutlich, was Sie sich von ihnen wünschen.
Sollte sich ein chinesischer Mitarbeiter oder Rangniedrigerer während des Kundenbesuchs nicht an die aufgestellten Regeln halten, unterbrechen Sie ihn sanft aber unverzüglich und ohne die Miene zu verziehen. Führen Sie das Gespräch anschließend ganz ruhig weiter, so als sei

nichts geschehen. Auf diese Weise demonstrieren Sie sowohl dem Mitarbeiter als auch dem Kunden gegenüber, wer der Chef ist.

VERTRAUTHEIT ZWISCHEN DEN TEAMMITGLIEDERN (建立默契)

Es wird ein Team zusammengestellt, der Teamleiter bestimmt, und man einigt sich auf die Regeln. Der nächste und letzte, wichtige Schritt ist die Vertrauensbildung zwischen den Teammitgliedern. Alle Teammitglieder müssen fair und gleich behandelt werden. Der gegenseitige Respekt zwischen den Mitgliedern einer Mannschaft ist enorm wichtig. Darauf muss der Teamleiter achten und je nach Bedarf in Situationen lenkend oder schlichtend eingreifen. Gemeinsame Unternehmungen helfen dabei, diese Vertrautheit zu bilden, wie z.B. nach einem Treffen noch kurz eine lockere und etwas privatere Gesprächsrunde zu führen, damit sich die Gruppe näher kennenlernt. Genauso wichtig ist es, gemeinsam zum Essen oder Trinken zu gehen. Ein chinesischer Leiter lädt sein Team dazu ein und bezahlt die Rechnung, wenn es sein muss, aus eigener Tasche.

Achtung! Die Stolpersteine

In der Praxis scheitern bedauerlicherweise viele internationale Projekte aus diversen Gründen. Die Partner kamen zwar mit den besten Absichten zusammen, trennten sich jedoch enttäuscht, als die Zusammenarbeit nicht mehr so wie vorgestellt funktionierte. Informations- und Kommunikationsmittel wie Email, Internet und Telefonkonferenzen stellen den täglichen Kontakt problemlos her. Dennoch stellen unterschiedliche Denkansätze bezüglich Hierarchie, Zeitempfinden, Verständigungsform und gegenseitigem Verstehen, Arbeitsrhythmus und -gewohnheiten, sowie Vorstellungen über Prioritäten, Erwartungen und Kompetenzen Hindernisse dar, die die Partner einander entfremden können.

DIE „UNBEDEUTENDEN" KLEINIGKEITEN

Niemals treten die Mentalitätsdifferenzen unverhofft und in ihrer Gesamtheit zutage. Missverständnisse oder ein Tritt ins Fettnäpfchen passieren gelegentlich in allen möglichen Erscheinungsformen. Man kann sie auch nicht jedes Mal identifizieren, oft werden sie gar nicht wahrgenommen. Die Partner und Kollegen versuchen tolerant und höflich zu bleiben, um die Zusammenarbeit nicht zu gefährden. Allmählich und unauffällig schleichen sich aber Unstimmigkeiten ein und langsam entfremden sich die Partner. In einem Schneeball-Effekt summieren sich die nicht aufgearbeiteten Missverständnisse. Die Probleme werden immer größer und komplexer, bis sie keiner mehr tolerieren kann, und jeder sich vom Anderen völlig unverstanden fühlt.

Die allererste Belastungsprobe einer Partnerschaft könnte viel früher beginnen als man ahnt. Internationale Teams sind üblicherweise über zwei oder mehr Länder verstreut. Zu Kommunikationszwecken benutzen sie fast ausschließlich Emails und Telefon. Die meisten kennen sich nur flüchtig oder sehen sich vielleicht nur in Videokonferenzen. Das Kennenlern-Gespräch findet oft nur einmal, nämlich am Anfang der Zusammenarbeit statt und ist kurz und bündig. Die Bindung zwischen den Kollegen ist sozusagen rein beruflich. Ein solches Arbeitsverhältnis ist nach asiatischem Verständnis viel zu sachlich und unverbindlich und reicht für eine gute Zusammenarbeit bei weitem nicht aus.

Zudem neigen Menschen in Schriftverkehr oder Telefonkonferenzen generell dazu, teilweise aufgrund sprachlicher Barrieren, nur „wichtige" Themen, die gerade auf dem Terminplan stehen zu besprechen. Über die scheinbar unwichtigen, „kleinen" Dinge, also über all das, was nicht direkt mit der Umsetzung in Arbeit zu tun hat, wird nicht geredet. Genau hier liegt häufig bereits der Ursprung der Unzufriedenheit.

DIE FEHLENDEN „SCHNELL-ABSPRACHEN"

Es ist relativ einfach, mit Personen aus dem gleichen Kulturraum zusammen zuarbeiten. Man kann sich aufgrund der Sprache und der vertrauten Mentalität schnell miteinander über Sachverhalte absprechen und die Abwicklungsfeinheiten koordinieren. Ein guter Kollege kommt anderen gerne entgegen. Es genügt ihm zum Beispiel zu wissen, dass die Kollegen durch ein kleines Entgegenkommen seinerseits die Arbeit besser und schneller bewältigen können. Ebenso wie die Deutschen tun das auch die Chinesen. Nur scheuen diese sich oft, sich mit dem ausländischen Partner darüber zu verständigen. Sprache ist eine Barriere, die Hemmungen verursacht. Außerdem kennt man sich ja nicht wirklich und weiß nicht, wie der Partner darauf reagieren wird. Darum fragt man lieber nicht, bevor die Lage zu kompliziert wird.

ÄHNLICHKEITSFALLE

Die Welt rückt immer näher zusammen, denn der Globalisierungstrend hat vieles in der Wirtschaft und in der Industrie standardisiert. Weltweit herrscht die freie Marktwirtschaft, und es werden einheitliche Qualitätskriterien und Standards für Waren, Technologien und Dienstleistungen eingeführt. Alle Geschäftsleute tragen Anzüge, sprechen Englisch und haben Tablets, Notebooks und Smartphones dabei. Die Vereinheitlichung von Arbeitsstrukturen und -vorgängen in der Unternehmensführung dient als Fundament für den Handel und die Durchführung internationaler Projekte. In der heutigen Welt herrscht die Ordnung des Standards.

Auch die Menschen der verschiedenen Länder rücken näher zusammen. Heutzutage mangelt es nicht mehr an kompetenten Fachkräften, die im Ausland studiert haben und über umfangreiche Auslandserfahrung verfügen. Der Kontakt mit China entwickelt sich besonders vorteilhaft, seitdem sich das Land geöffnet hat und Millionen von Studenten ins Ausland reisen lässt. Diese Studenten kennen daher die westlichen Sitten und Arbeitsmethoden, was die Kommunikation zwischen Ost und West wesentlich erleichtert. Man könnte durchaus den Eindruck gewinnen: „Wir kennen uns" und „Wir sind uns ähnlich".

Es ist schön, dass vieles einfacher geworden ist. Es ist auch richtig, chinesische Partner und Kollegen wie unsere Nächsten zu behandeln. Die Falle dabei besteht darin, dass die unmittelbaren Ähnlichkeiten nur oberflächlich sind. Die scheinbare Gleichheit bedeutet aber bei weitem nicht identische Verhaltensformen und Wertvorstellungen. Menschen besitzen zwar äußere Ähnlichkeiten und verstehen sich besser, aber ihre Wurzeln sind völlig unterschiedlich, je nachdem wo sie aufgewachsen sind. Es ist leichtsinnig und gefährlich anzunehmen, dass eine Gleichheit in Mentalität und Denken vorherrscht. Eine solche Erwartungshaltung führt dazu, dass sich Deutsche Chinesen gegenüber verhalten, als wären diese auch Deutsche und erwarten, dass sie „deutsch" reagieren.[5] Das unvermeidliche Resultat ist Unverständnis, Enttäuschung und Konflikt. Kulturen lassen sich nun mal nicht standardisieren.

Die Ähnlichkeitsfalle zwischen den Kulturen ist bei der Erwartungshaltung im Dialog deutlich zu beobachten. Nach deutschem Kommunikationsmuster wird auf eine Frage eine Antwort erwartet.

5) vgl. „Die Ähnlichkeitsfalle im Kontakt zwischen benachbarten Kulturen – Eine Untersuchung am Beispiel Deutschland – Dänemark", Bettina Behrendt, 2005; Seite 14

Was geschieht, wenn die Antwort anscheinend nichts mit dem Thema zu tun hat, oder wenn sie ganz ausbleibt? So reagieren aber Asiaten. Wenn man nicht antworten will, die Antwort nicht kennt oder keine Befugnis hat, sich zu äußern, sagt man vorerst lieber nichts. Was ist hier zu tun? Wiederholen Sie die Frage nicht. Es hat keinen Zweck. Der Partner hat Sie sehr gut verstanden, aber er will oder kann nicht darauf antworten. Versuchen Sie stattdessen, die Gründe dafür herauszufinden.

KULTURELLE HINDERNISSE

Es muss niemandes Schuld sein, wenn sich Konflikte ergeben. Über die kulturspezifischen Besonderheiten eines fremden Landes lassen sich lange Gespräche führen. Manche Tugenden oder Verhaltensweisen werden in einer Gesellschaft hoch geschätzt, kommen aber in einem anderen Kulturkreis nicht gut an. Manchmal erreicht man damit sogar das Gegenteil. Ein Beispiel hierfür ist die in Deutschland als Offenheit und Konfliktfähigkeit verstandene Streitkultur, die in China als Streitsüchtigkeit, Rechthaberei und Selbstdarstellung und daher negativ bewertet wird. Umgekehrt bemühen sich Chinesen aufgrund ihres Höflichkeitsverständnis ständig darum, ihr Gegenüber das Gesicht wahren zu lassen. Darum lehnen sie Anforderungen und Vorschläge anderer grundsätzlich nicht direkt ab, auch wenn sie nicht damit einverstanden sind. Leider wird diese Haltung von westlichen Partnern oft mit Unehrlichkeit gleichgesetzt.

Die Hintergründe zu erkennen hilft Ihnen dabei, den Partner und seine Handlungsmotive zu verstehen. Damit können viele Missverständnisse und Fehlinterpretationen schon im Vorfeld vermieden werden.

BERÜCKSICHTIGUNG UNTERSCHIEDLICHER ARBEITSRHYTHMEN

Behalten Sie im Hinterkopf, dass die chinesischen Partner möglicherweise einen anderen Arbeitsrhythmus haben und andere Arbeitsmethoden als Sie anwenden. Wenn wir Deutsche und Chinesen bei der Arbeit beobachten, können wir einige interessante Punkte feststellen. Gewöhnlich bearbeiten deutsche Mitarbeiter Projekte als komplexes Ganzes. Ein Projekt wird sorgfältig vorbereitet und durchgeplant. Jegliche Änderung ist unwillkommen, da es erneute Prüfung und Planung bedeutet. Jeder macht das, was er am besten kann und ist ein Spezialist auf seinem Arbeitsgebiet.

Chinesen arbeiten gewöhnlich stufenweise. Sie haben ihr Ziel fest vor Augen und bereiten sich dementsprechend sorgfältig vor. Es wird aber kein genauer „Fahrplan“ erstellt, weil erfahrungsgemäß vieles während des Arbeitsprozesses geändert, und erstellte Pläne umgeworfen werden müssen. Daher bauen sie lieber bereits im Vorfeld eine Pufferzone für eventuelle Abweichungen vom Originalplan ein. Je nach Situation müssen sie des öfteren schnell und flexibel handeln, aber diese spontanen Änderungen und Nachbesserungen stören sie nicht. Sie sind im Vergleich zu deutschen Spezialisten „Allround-Experten“ und haben immer Augen und Ohren offen für Veränderungen im Umfeld.

Achten Sie darauf, dass die oben beschriebenen Merkmale nicht für alle Chinesen gelten. Es gibt durchaus solche, die genau so penibel wie Deutsche arbeiten und natürlich umgekehrt. Es ist dringend zu empfehlen, anfangs Arbeitsmethode und -rhythmus chinesischer Partner und Kollegen zu beobachten. Das ermöglicht Ihnen, frühzeitig ein passendes und bei Bedarf flexibleres Modell für die Zusammenarbeit zu entwickeln.

STOLPERSTEINE DER CHINESEN

Viele Deutsche machen die Erfahrung, dass Chinesen im Meeting nie ihre Handys abschalten. Das andauernde Läuten stört die Besprechungen. Die chinesischen Partner haben auch keinerlei Hemmungen, mitten in einer wichtigen Konferenz ein längeres Telefonat zu führen. Im Westen gilt das als unhöflich.

In China kann man auch beobachten, dass während eines Meetings vereinzelt Chinesen zu spät kommen und verstohlen in den Raum schleichen. Sie stellen sich nicht vor und setzen sich einfach leise hin, meistens in eine Ecke des Zimmers. Manche schlafen während des Meetings sogar ein. Man fragt sich unwillkürlich warum sie, wenn sie so müde sind, nicht zu Hause geblieben sind?

Der Meinungs- bzw. Ideenaustausch läuft auch nicht immer so, wie man sich das vorstellt. Man stellt dem chinesischen Partner eine Frage, darauf folgt ein langes Schweigen. Unabhängig davon wie oft man nachhakt, man bekommt trotzdem keine Antwort, nicht einmal ein Ja oder Nein. Diese völlige Nichtreaktion oder auch die mehrdeutigen und schwammigen Formulierungen des Gegenübers sind irreführend und verunsichern.

Ein anderes Beispiel: Sie betreten frühmorgens das Büro und sehen auf dem Monitor des Rechners, dass der chinesische Kollege mehrfach eine Email, gekennzeichnet mit „Reminder", gesendet hat. Was soll das heißen? Warum tut er das? Auch wenn eine Angelegenheit dringend ist, braucht man doch Zeit, sie zu bearbeiten, und das sollte der Kollege auch wissen. Wenn Sie andererseits etwas von ihm benötigen, nimmt er sich viel Zeit für die Bearbeitung.

Erläuterung:

Wenn wir fremdes Verhalten oder seltsame Aktionen in einem anderen Kulturraum beobachten, die wir nach unserem „normalen" Verständnis nicht einordnen können, sollten wir so mutig sein, unserer Intuition und Menschenkenntnis zu vertrauen, um das Geschehen nicht nur rational, sondern auch gefühlsmäßig zu bewerten. Das hilft bei der Einschätzung von Unbekanntem. Viele Handlungen lassen sich aufgrund des kulturellen Hintergrundes vernünftig erklären. Verhalten und Aktionen haben nicht unbedingt immer die Bedeutung, die man ihnen automatisch zuordnet; der Schein kann durchaus trügen.

Im Fall der zur Besprechung zu spät Gekommenen haben sich die Personen nach chinesischer Etikette korrekt verhalten. Es ist nicht gut, zu spät zu einem Meeting zu kommen. Das laufende Gespräch bzw. die Verhandlung zu stören, macht die Sache nur noch schlimmer, daher bemüht man sich, den Raum leise zu betreten und sich unauffällig hinzusetzen. Wenn die unpünktliche Person bei der Gelegenheit zufällig an der Reihe wäre etwas zu sagen, würde sie sich sicher vorstellen und für die Verspätung entschuldigen.

Der Eingeschlafene in der Besprechung schläft vielleicht gar nicht wirklich. Viele Chinesen tun sich schwer, Englisch akustisch zu verstehen. Eine hilfreiche Methode dabei ist, die Augen zu schließen, oder sie auf einen bestimmten Punkt zu fixieren, damit man sich besser auf das Gesagte konzentrieren kann. Sehr viele ältere Chinesen wenden diese Methode an. Nach außen hin hat es ja vielleicht den Anschein, als ob sich der Anwesende nicht für das Gespräch interessiert, tatsächlich hört er aber sehr genau zu.

Es kommt natürlich vor, dass jemand beim Meeting tatsächlich einschläft. Ein chinesischer Firmeninhaber begleitete einmal zusammen mit seinem Geschäftsführer und weiteren Angestellten einen deutschen Joint-Venture-Partner zu einem wichtigen Kundenbesuch in

Peking. Der Besuchstermin fand um zwei Uhr nachmittags statt. Vorher hatten alle gut gegessen, und es wurde auch Alkohol getrunken. Im Meeting nickte der alte Firmeninhaber dann ein. Alle Anderen, auch der Kunde, taten so, als bemerkten sie es nicht und redeten einfach weiter.

Zwei Chinesen begaben sich in Deutschland auf eine Geschäftsreise. Seit ihrer Ankunft waren sie ununterbrochen unterwegs gewesen und hatten Firmen besucht. Am dritten Tag stand nachmittags noch ein Termin mit einem Lieferanten an. Ein Herr der Reisegruppe schlief prompt beim Meeting wegen Übermüdung ein.

Waren die beiden oben erwähnten Besprechungen für die Chinesen unwichtig? Nein, ganz im Gegenteil! Sie nahmen die Termine sehr ernst und wollten unbedingt anwesend sein. Gerade dadurch drückten sie ihre Wertschätzung aus. Um eine Lage also richtig beurteilen zu können, wird die Wahrnehmungsfähigkeit gefordert, Situation, Hierarchie sowie den gesamten Kontext mit in Betracht zu ziehen.

Sollte jedoch ein junger Mann im Meeting eindösen, fragt man besser hinterher nach, ob er der Juniorchef der Firma ist. Wer sonst könnte sich so ein Verhalten leisten?

Was die wiederholten Emails (Reminder) betrifft, ist dies eine Art vieler chinesischer Sachbearbeiter, die Dringlichkeit oder Wichtigkeit einer Nachricht auszudrücken. Wenn sie nichts von Ihnen hören, vermuten sie, dass Sie die Emails noch nicht erhalten haben. Also senden sie sie erneut. Was Chinesen nun erwarten, ist eine kurze Rückmeldung über den Erhalt der Nachricht. Am besten schicken Sie daher umgehend eine Bestätigungsmail. So beruhigen Sie Ihren Partner auf der anderen Seite.

Für Chinesen ist es normal, im Meeting Handys zu benutzen. Manche Chinesen mit Auslandserfahrung wissen, dass das im Westen nicht gut ankommt. Trotzdem stellt im Meeting kein Chinese sein Handy ab. Alle chinesischen Geschäftsleute lassen es 24 Stunden eingeschaltet, um keine wichtigen Anrufe zu verpassen. In Ihrer eigenen Niederlassung können Sie bei Besprechungen als Regel ein Handyverbot erlassen. Wie bereits erwähnt, reagieren Chinesen sehr flexibel. Wenn sie die Handys nicht ins Meeting mitnehmen dürfen, werden sie befreundete Kollegen bitten, eingehende Anrufe in ihrer Abwesenheit entgegenzunehmen.

STOLPERSTEINE DER DEUTSCHEN

Gibt es denn umgekehrt auch Dinge, die Chinesen stören? Wie kommen die deutschen Höflichkeitsfloskeln in China an? Generell genießen Deutsche einen guten Ruf in China, und werden als höfliche Menschen angesehen. Die guten Manieren, die Sie zu Hause gelernt haben, können Sie also alle nach China mitnehmen bis auf eine einzige Sache: Sie dürfen sich NICHT LAUT SCHNÄUZEN! Wenn Sie sich geräuschvoll die Nase putzen, hat das in Fernost einen ähnlichen Effekt, wie wenn man in Deutschland geräuschvoll die Nase hoch zieht. In Anwesenheit anderer putzen Sie sich also die Nase am besten lautlos. Noch besser: tun Sie es, wenn Sie alleine im Büro sind, gehen Sie ins Bad oder vors Haus.

Beachten Sie, dass die Tonhöhe Ihrer Stimme Emotionen und Stimmungen verrät. Nehmen wir hier einige Beispiele zum Verständnis.

Vereinbarte Termine wurden von den Chinesen nicht eingehalten, und Sie wurden „nicht frühzeitig" darüber informiert. Das Projekt wird dadurch in die Länge gezogen. Das ist ärgerlich, und dementsprechend verfassen Sie ein scharfes Schreiben und erinnern den Partner an die Vereinbarungen und seine Verpflichtungen.

Ein Projekt läuft nicht wie gewünscht. Mal funktioniert das eine nicht, dann wieder läuft etwas anderes schief. Sie versuchen wiederholt, den chinesischen Mitarbeitern den Sachverhalt zu erklären, gewinnen aber den Eindruck, dass man Sie nicht zu verstehen scheint oder nicht verstehen will. Langsam wird es Ihnen zu viel. Bei aufkommender Ungeduld benutzt man andere Formulierungen und spricht oft mit härterer Stimme. Chinesen haben feine Ohren und eine „Antenne" dafür. Jetzt verstehen sie Sie auf einmal sehr gut und werden gekränkt sein.

Im Büro geben Sie dem Assistenten mit der Hand ein Zeichen, dass er zu Ihnen kommen soll. Er kommt zwar, aber mit langem Gesicht.

Als Ingenieur oder Techniker fliegen Sie nach China und arbeiten kurzzeitig mit den chinesischen Kollegen zusammen. Da sehr viel zu tun ist, und Sie unter Zeitdruck stehen, arbeiten Sie sehr effizient und haben daher nicht einmal Zeit, sich in der Pause mit den Kollegen zu unterhalten. Nach der Arbeit sind Sie meistens müde und gehen gleich ins Hotel zurück, um sich zu erholen. Die Kollegen verhalten sich Ihnen gegenüber höflich. Aber sobald Sie eine rationale Lösung vorschlagen, die zur Steigerung der Produktivität führen würde, beharren sie stur auf den alten Methoden. Ihre Vorschläge werden zwar gut geheißen, aber es ändert sich nichts. Sie tun sich äußerst schwer, die Kollegen zu überzeugen.

Sie sind jedoch lernfähig und -willig. Also fragen Sie Ihren chinesischen Partner ganz direkt, ob Sie in ein chinesisches „Fettnäpfchen" getreten sind. Die Antwort wird meist folgende sein: „Nein, nein, kein Problem. Sie machen das gut." Aber Sie ahnen bereits, dass Sie oft genug irgendwo einen Fehler gemacht haben.

Chinesen empfangen Besucher gewöhnlich mit großem Aufwand. Neben unzähligen Essenseinladungen werden auch viele Besichtigungsprogramme durchgeführt. Die Gastbetreuung könnte sogar rund um die Uhr stattfinden, und dafür wird Ihnen zusätzlich eine Betreuungsperson zur Seite gestellt. In Deutschland ist das ungewöhnlich. Zudem kann man dort alleine schon wegen des unterschiedlichen Lebensstandards nicht dasselbe bieten wie in China. Es geht allerdings in China bereits die Rede, dass man beispielsweise in den USA besser empfangen wird als in Deutschland.

Erläuterung:

Es ist nicht zu leugnen, dass Termine in China nicht immer wie vereinbart eingehalten werden. Immer wieder kann etwas dazwischen kommen, was die Terminplanung durcheinander wirft. Wenn Sie wissen, dass Ihr Partner dazu neigt, fragen Sie am besten regelmäßig und frühzeitig nach, ob alles noch immer nach Plan läuft. So erfahren Sie den aktuellen Stand wahrscheinlich früher und haben genug Zeit, sich darauf einzustellen.

Bleiben Sie in jedem Fall vorerst gelassen, und achten Sie auf Ihre Tonlage. Sie können sich zwar bestimmt äußern, aber werden Sie bitte nicht laut. Wenn Sie jetzt die Kontrolle verlieren und die Stimme erheben, versetzen Sie sich in eine ungünstige Position.

Eine Vereinbarung nicht einhalten zu können ist in China genauso gravierend wie in Deutschland. Die Gründe dafür spielen keine Rolle, die säumige Partei ist verpflichtet, den Fehler wieder gut zu machen. In China darf man eine Abmachung nicht einseitig ändern, außer die Firma hat eine Monopolstellung. Wie reagieren chinesische Kunden auf so etwas? Sie werden sich selbstverständlich auch darüber ärgern und ebenso Druck ausüben. Auf der anderen Seite will der Lieferant im Regelfall kein einmaliges Geschäft machen, sondern den Kunden weiterhin behalten. Er muss jetzt ein Angebot machen, um das eigene Gesicht zu wahren. Es wird aber keinesfalls geschrien, sondern verhandelt.

Hören Sie sich daher alle Vorschläge an, und denken Sie in Ruhe über eine für Sie akzeptable Lösung nach.

Den Sachverhalt mehrmals zu wiederholen, um Chinesen dadurch auf ihre Pflichten hinzuweisen, beispielsweise mit Aussagen wie: „Wir haben das bereits vereinbart", „Sie haben es versprochen", „Wir haben die Vereinbarung von unserer Seite aus eingehalten. Jetzt müssen Sie Ihren Anteil beitragen", bringt ehrlich gesagt nichts. Wenn Sie jetzt auch noch laut werden, lässt sich nicht ausschließen, dass die Gegenseite gekränkt ist. Das wiederum stärkt deren Selbstwertgefühl und verdrängt das Schamgefühl. Ihr Gegenüber wird jetzt eine Ausrede erfinden, warum er seiner Pflicht nicht nachzukommen braucht.

Zweifellos müssen Sie nicht alles mitmachen, was der chinesische Partner vorschlägt. Sprechen Sie in bestimmtem ruhigen Ton, äußern Sie kurz Ihre Enttäuschung (was menschlich verständlich ist). Beschreiben Sie konkret, welche Schwierigkeiten Ihnen dadurch entstehen oder bereits entstanden sind (z.B. vom Chef oder dem Kunden, was auch wahr ist), und verlangen Sie sofort einen Lösungsvorschlag (das ist Ihr gutes Recht). Dies genügt in der Regel, um in einem Chinesen Schuldgefühle zu wecken. Er weiß es zu schätzen, dass Sie trotz aller Unannehmlichkeiten Rücksicht auf ihn genommen und sein Gesicht gewahrt haben. Von der menschlichen Seite her haben Sie richtig gehandelt und Ihr Bestes getan. Geschäft bleibt aber dennoch Geschäft, und die säumige Partei muss jetzt tätig werden, um sich als seriöser Partner zu erweisen. Sollte diese menschliche Methode den chinesischen Kollegen nicht berühren, dann ist er als Geschäftspartner unseriös und ein Partnerwechsel ist überlegenswert.

Mimik und Gesten können durchaus universelle Bedeutung haben, manche aber sind rein kulturspezifisch. Ein Beispiel wäre die Handbewegung, mit der man jemanden zu sich ruft. Finger und Handfläche nach oben zu halten, bedeutet in Asien eine Geringschätzung der gerufenen Person. Jemanden mit einem oder zwei Fingern nach oben gekrümmt zu sich zu zitieren, gilt sogar als extrem arrogante Haltung. Die korrekte Art in Asien wäre, die Handfläche nach unten zu drehen, alle fünf Finger der Hand aneinanderzulegen und vor und zurück zu bewegen.

Sie möchten wissen, in welche Fettnäpfe Sie getreten sind? Diese Information können Sie zwar bekommen, aber fragen Sie nie direkt danach, was Sie falsch gemacht haben. Die gute Erziehung Chinas lehrt als höfliches Verhalten, jemandem seine Fehler oder Schwächen nicht direkt ins Gesicht zu sagen. Andeuten kann man sie zwar, aber nicht offen aussprechen. Befreien Sie daher die Chinesen von ihrem Höflichkeitszwang, und sprechen Sie in diesem Fall anstatt über sich selbst über eine fiktive Person.

Die Art des Empfangs und der Gastbetreuung ist in China ein Ausdruck der Wertschätzung. Je mehr Zeit und Aufwand man dafür investiert, desto höher ist die Wertschätzung, die man dem Gast entgegenbringt. Es ist den Chinesen bereits bekannt, dass das in dieser Form in Deutschland nicht Sitte ist. Da sie demzufolge wenig erwarten, können Sie sie umso mehr überraschen, wenn Sie in Deutschland darauf achten. Denken Sie dabei vor allem auch an die jeweilige Position des Gastes. Er sollte von Personen in vergleichbaren Stellungen empfangen und betreut werden. Auf diese Art nehmen Chinesen sofort wahr, wie wichtig sie für Sie sind.

Tipps und Handlungsempfehlungen

Auch der Aufbau des „Wir"-Gefühls ist für ausländische Partner und Arbeitgeber äußerst wichtig. Ergeben sich immer wieder kleine Meinungsverschiedenheiten zwischen Ihnen und Ihrem Geschäftspartner, Kollegen, Kunden oder Lieferanten? Solche Querelen gefährden zwar nicht die Geschäfte, aber sie sind kontraproduktiv und lästig. Ist das Klima zwischen den Partnern sachlich und etwas unterkühlt? Das sind bereits Warnzeichen. Wenn Sie eine zu große Distanz wahren, bedeutet das auch, dass sich kein „Wir"-Gefühl entwickeln kann. In der Geschäftsbeziehung herrscht dann auch noch ein „Jeder-Für-Sich-Allein"-Gefühl. Solch eine Situation sollte optimiert werden.

Chinesen erwarten zwar von Ausländern nicht all das, was sie von Chinesen erwarten würden, aber zwischenmenschliche Nähe wünschen sie sich doch von Ihnen. Oft klagen chinesische Unternehmer, dass sie die deutschen Partner als zu distanziert empfinden. Sie verstehen zwar, dass Deutsche sachlich und konzentriert arbeiten, und sie finden das im Prinzip auch positiv. Nach der Arbeit jedoch gibt es den Feierabend und die Freizeit. Es muss nicht jeden Tag etwas geboten werden, aber man sollte doch häufiger etwas zusammen unternehmen. Das wird einfach so erwartet.

Sie können bereits ein „Wir"-Gefühl feststellen? Na, wunderbar, Sie sind auf dem besten Weg zu einer guten Zusammenarbeit. Wenn noch kein „Wir-Gefühl" besteht, fangen Sie jetzt an, es aufzubauen; es ist nie zu spät. Ergeifen Sie die Initiative, und überraschen Sie Ihren Partner. Beginnen Sie mit kleinen Schritten. Viele aufeinandergesetzte, kleine Bausteine bilden schließlich auch eine Pyramide.

NEHMEN SIE DAS CHINESISCHE KENNENLERN-RITUAL ERNST

Es bietet die beste Gelegenheit, den Partner/Kollegen näher ‚abzutasten'. Es ist ein lohnendes Unterfangen, denn Sie legen mit ein wenig Zeit und Aufmerksamkeit den Grundstein für das spätere Verhältnis. Viele Dinge sind käuflich, aber seriöse Geschäftskontakte sind unbezahlbar.

Planen Sie mehr Zeit für die Startphase der Zusammenarbeit ein sowie dafür, die Persönlichkeit des Partners und seine Arbeitsweise auszuloten. Demonstrieren Sie Ihre eigene Arbeitsart deutlich und hören Sie Ihrem Partner konzentriert zu. Dieses Verhalten ebnet den Weg für eine Kommunikationsform, mit der ein von beiden Seiten akzeptiertes Modell zur Zusammenarbeit entwickelt werden kann.

GEMEINSAMKEITEN FINDEN

Der Beginn des gemeinschaftlichen „Wir" kann sehr einfach sein. Finden Sie in Gesprächen die Gemeinsamkeiten mit Ihrem Partner. Haben Sie die gleichen Hobbys? Reisen Sie gerne? Lieben Sie Sport? Begeistern Sie sich für klassische Musik? Führten Sie eine Werbekampagne in den USA durch, oder absolvierten Sie zufällig ein Auslandsstudium? Wie waren die Lehrer oder die Professoren? Ach, Sie haben beide Kinder? Wie alt sind sie denn und wo gehen sie zur Schule? Wie geht es den Eltern? Sie finden mit Sicherheit viele weitere Beispiele.

All diese Informationen ermöglichen es Ihnen, sich ein Bild von Ihrem Partner zu machen und umgekehrt. Die Auskünfte haben nichts mit dem Geschäftlichen zu tun, aber sie bilden ein wichtiges Fundament in den unterschiedlichen Arbeitswelten zweier Menschen.

Seien Sie jedoch nicht gleich ein „offenes Buch". Ihr Eheverhältnis ist kein Gesprächsthema. Geben Sie private Auskünfte über sich selbst dem Bekanntschaftsgrad entsprechend. Offenbaren Sie sich nur solchen Personen mehr, die Ihr Vertrauen auch verdienen.

GEMEINSAME ERINNERUNGSVORRÄTE HERSTELLEN

Das gemeinsame Projekt wird bei beiden Seiten die erste Erinnerung an die Zusammenarbeit formen. Machen Sie mit gemeinsamen Abendprogrammen mehr daraus. Wenn Sie Besucher aus China haben, schießen Sie doch ein paar Erinnerungsfotos am Eingang der Firma oder vor dem Firmengebäude. Was denken Sie, warum Chinesen so gerne Gruppenfotos machen?

Wenn Ihr Unternehmen Niederlassungen oder Büros in China oder Händler vor Ort hat, wird es langsam Zeit, zur Belohnung einen Ausflug für die Mitarbeiter oder ein Händlertreffen zu organisieren. Wie wäre es mit einer wöchentlichen Stunde Sport? Alle Berufstätigen weltweit haben das gleiche Problem – sie sitzen meist im Büro und leiden unter Bewegungsmangel. Manche Firmen in China mieten sogar eine Sporthalle für bestimmte Stunden an festgelegten Tagen, damit ihre Mitarbeiter regelmäßig zusammen Sport treiben können. Vielleicht könnte man auch einmal im Jahr einen Sportwettkampf mit anderen befreundeten Firmen veranstalten. Es ist gut für die Gesundheit und ausgezeichnet für das Firmenklima. In der Freizeit wird jegliche Hierarchie über Bord geworfen – es gibt keine Unterschiede mehr zwischen dem Vorsitzenden und den kleinen Angestellten. Man sieht sich nicht mehr nur als Kollegen, sondern als eine Familie.

Sie fliegen nicht nach China und kennen die Kollegen daher nicht persönlich? Das macht doch nichts. Beginnen Sie mit den alltäglichen Dingen. Beglückwünschen Sie den Kollegen in Fernost zum nächstmöglichen Jahresfeiertag oder zu einem anderen besonderen Anlass. Fragen Sie ihn, was er im Urlaub unternommen hat oder ähnliches. Auch auf diese Weise kann man Erfahrungen miteinander austauschen und einen Erinnerungsvorrat bilden.

DURCH HANDELN EIN ZEICHEN SETZEN

Nicht nur die chinesischen Mitarbeiter, sondern auch die deutschen Kollegen sollten am Freizeitprogramm der Firmen teilnehmen, insbesondere der Chef. Wie kann man ein Solidaritätsgefühl wecken, wenn sich der Chef selbst nicht dafür interessiert? Lassen Sie zum Beispiel „Freizeitmützen“ mit Firmenlogo für Ihre Mitarbeiter anfertigen, und tragen Sie die Mütze als Erster.

Ein weiteres Beispiel: Sie nehmen gemeinsam mit zehn chinesischen Kollegen an Messen in anderen Städten Chinas teil. Übernachten Sie alle im gleichen Hotel, oder dürfen nur die Ranghöheren die guten Hotels buchen, während die Anderen in einem „Null-Sterne-Hotel" übernachten müssen? Die beste Methode, Mitarbeiter zu motivieren und ihre Loyalität zu gewinnen ist die, alle ohne Rücksicht auf Position und Nationalität gleich und fair zu behandeln.

Übung:
Im Hochsommer hat die Klimaanlage im Büro den Geist aufgegeben. Es wird angeordnet, dass der Techniker das Gerät in Ihrem Raum bzw. in der Chefetage zuerst repariert. Der große Büroraum, in dem zwanzig chinesische Angestellte sitzen, kann warten. Sind Sie mit dieser Anordnung einverstanden?
Denken Sie zuerst nach, ohne die Erklärung vorher zu lesen.

Erklärung:
Es ist üblich, dass die Ranghöheren öfters bevorzugt behandelt werden, das erlaubt die Hierarchie. Aber laut Konfuzius sollte man einen Untergebenen wie seinen Nächsten behandeln, weil man dann mit seiner Loyalität rechnen kann. Wie kann ein Chef Teamgeist fordern, wenn er selbst bequem im kühlen Büro sitzt, während zwanzig Angestellte arbeiten und schwitzen müssen?

Übung:
Sie leiten ein deutsch-chinesisches Jointventure mit fünfzig Mitarbeitern in Dalian, Nordchina. Zum chinesischen Neujahrsfest gibt die Firma ein Neujahrsessen aus, ein schönes Fest, zu dem alle Mitarbeiter kommen und bei dem gegessen, gesungen und sehr viel getrunken wird.
Spät nachts sind alle sehr angeheitert. Manche Kollegen machen es sich sogar bequem und legen den Kopf auf den Tisch. Manche können nicht mal mehr gerade gehen. Der chinesische Vizepräsident legt die Krawatte ab und zieht das Jackett aus. Was würden Sie jetzt tun? Versuchen Sie immer noch, aufrecht zu sitzen und auf korrekte Haltung zu achten, oder machen Sie es sich so bequem wie die Chinesen?
Denken Sie zuerst nach, ohne die Erklärung vorher zu lesen.

Erklärung:
Wenn es Ihnen nichts ausmacht, dürfen Sie sich in dieser Lage ruhig locker geben. Chinesen denken, dass Menschen ihr wahres Gesicht erst bei Trunkenheit zeigen und dann auch ihre ehrliche Meinung äußern. In dem Fall verliert niemand sein Gesicht. Die Menschen kommen sich im Gegenteil bei dieser Gelegenheit näher, da sie zu Kumpeln geworden sind.
Wenn Sie sich als Chef hier etwas gehen lassen, schadet das Ihrem Ansehen bei Geschäftspartner und Mitarbeitern nicht. Es zeigt vielmehr Ihre menschliche Seite und vermittelt, dass Sie sich weder von ihnen distanzieren noch sich überlegen vorkommen.

SAGEN SIE STATT „ICH" UND „MEINE MEINUNG" – „WIR" UND „UNSERE MEINUNG"

Das mag unbedeutsam klingen, aber Chinesen tun das tatsächlich. Eine kollektive Entscheidung wird auch im Namen der Kollektivität bekannt gegeben. Wenn Sie Chinesen Ihre Entscheidung mitteilen, benutzen Sie das Wort „Wir" und Sätze wie „Wir haben uns entschieden,...", „Wir sind der Meinung, ..." oder „Wir möchten ...". Chinesen werden es dann als die Entscheidung oder die Meinung Ihrer Firma verstehen. Wenn ein chinesischer Manager über „seine" Meinung spricht, wäre es besser zu hinterfragen, ob sein Vorsitzender auch damit einverstanden ist.

Falls die Chinesen zu keiner Entscheidung gelangen oder kein Konsens zustande kommt, gibt es noch andere Sichtweisen wie eine mehrheitliche Meinung, die Meinung der Gruppe und die Meinung der Einzelnen. Hören Sie sich alle an, und fragen Sie nach, wer genau hinter welcher Meinung steht. Orientieren Sie sich dann an den Meinungen der Entscheidungsträger.

AB UND ZU LAUT DENKEN

Chinesen sind genauso wie Deutsche an dauerhaften und seriösen Geschäften interessiert. Auch wenn es zahlreiche, kulturelle Unterschiede gibt, sind Deutsche und Chinesen als Menschen im Grunde genommen ähnlich. Allgemein menschliche Bedürfnisse sind grenzübergreifend und können trotz kultureller Barrieren ohne weiteres verstanden werden. Wenn Sie versuchen, die chinesischen Partner rein menschlich zu verstehen, können Sie Motive und Handlungen leichter begreifen. Denken Sie in China ruhig laut vor sich hin, so werden Sie vom Partner leichter verstanden. Haben Sie einen guten Partner gefunden, dann teilen Sie auch Ihren Gedankengang mit ihm. Diese Art hilft Chinesen sehr, Ihren Gedankengang und damit Sie selbst wirklich zu verstehen. Mögen Sie China, dann sagen Sie es. Schätzen Sie Ihren Partner, lassen Sie es ihn wissen, und teilen Sie ihm mit, wie sehr Sie sich über die gute Zusammenarbeit freuen.

ZUERST SOFT SKILLS, DANACH HARD SKILLS

Sollte ein Konflikt entstehen, empfiehlt sich der Versuch, das Problem zuerst mit sanften, chinesischen Methoden zu lösen. Dadurch lassen sich tatsächlich viele unnötige Missverständnisse und Fehlinterpretationen klären und Spannungen auflösen. Stellen Sie fest, dass die sanften Methoden nicht funktionieren, dann müssen Sie rein geschäftsbezogen handeln und „Hard Skills" anwenden. Das ist völlig in Ordnung, wenn Sie im Auge behalten, es anfänglich mit „Soft Skills" zu versuchen.

4. Begegnung und Austausch von Geschäftskarten

- Ritual der Vorstellung
- Begrüßung
- Austausch der Visitenkarten und Reihenfolge des Überreichens
- Bildung chinesischer Namen
- Chinesische Namen auf englischen Visitenkarten
  - Regelung in Festland China
  - Regelung in Hongkong und Taiwan
  - Besonderheit in Hongkong
  - Besonderheiten in Taiwan
- Wichtiges aus einer Visitenkarte herauslesen
- Karteiverwaltung und das Nutzen der Kontakte
- Ihre eigene Präsentation auf Visitenkarten
  - Der Titel
  - Visitenkarten auf chinesisch?
  - Ein chinesischer Name für Sie?
- Weiteres Beachtenswertes...
- Übungen

Ritual der Vorstellung

Der große Moment ist gekommen und die Partner aus zwei fremden Welten lernen sich kennen. Im Kapitel 1 „Kennenlernen auf chinesisch" wird die Erwartung der Chinesen, Grund und Handlungsspielraum dieser fernöstlichen Annäherungsmethode erklärt. In diesem Kapitel werden Techniken zur praktischen Umsetzung des Kennenlernens behandelt.

In der chinesischen Geschäftswelt lernt man sich selten kennen, indem man zu einem vereinbarten Termin geht und sozusagen „blind" zusammentrifft. Die Vorstellungsrunde spielt hier eine wichtige Rolle. In der Regel übernehmen die für die Korrespondenz verantwortlichen Personen beider Firmen bzw. ein Mittelsmann beim ersten Treffen die wichtige Aufgabe, die Geschäftsleitungen beider Firmen miteinander bekannt zu machen.

Ein fähiger mit der Vorstellung Beauftragter hat im Optimalfall eine in etwa vergleichbare Position und sollte sich vorher über die Funktionen und den beruflichen und/oder akademischen Werdegang beider Parteien informieren sowie einige persönliche Daten der Betroffenen kennen. Ein guter Mittelsmann stellt Menschen nicht nur einander vor, sondern achtet zudem darauf, dass die Unterhaltung zwischen den Vorgestellten fließend und harmonisch verläuft und sich die Distanz zwischen beiden verringert. Er bemüht sich um Realisierbarkeit der vermittelten Geschäftsgelegenheit.

Bei der Vorstellung wird auf die Hierarchie geachtet. In einer größeren Gruppe mit mehreren Personen ist es üblich, die Ranghöheren zuerst vorzustellen und zwar die Älteren vor den Jüngeren und die Frauen vor den Männern. Letzteres zeugt von westlichem Einfluss in China.

Falls es keinen Mittelsmann gibt und man sich gegenseitig nicht kennt, ist es nicht so wichtig, wer wen zuerst begrüßt, wobei die Älteren zum Zeichen des Respekts üblicherweise vorgezogen werden.

Sollte es sich um zwei oder drei Personen handeln, wird die Reihenfolge der Vorstellung umgekehrt. In dem Fall wird der Rangniedrige dem Ranghöheren, der Lieferant dem Kunden, der Jüngere dem Älteren sowie ein Mann einer Frau vorgestellt.

Es gilt aber andererseits als unhöflich, wenn ein Rangniedriger ohne Einschaltung des Mittelsmanns direkt zu einem Ranghöheren geht und sich vorstellt. Er sollte warten, bis ihn der Höherstehende anspricht oder ihm die Hand bzw. die Visitenkarte reicht.

Begrüßung

Die traditionelle Begrüßungsform Chinas ist, den Oberkörper leicht nach vorne zu neigen und dabei mit dem Kopf zu nicken. Die Arme werden dazu an die Körperseiten gelegt. Anfänglich sehen Sie dem Partner kurz in die Augen, wenn Sie dann den Kopf nach unten senken, senken Sie auch den Blick. Heutzutage vermischen sich oft westliche und chinesische Begrüßungsetikette. Sowohl das Sich-Verbeugen als auch das Händeschütteln sind in China jetzt angemessen.

Beim Händeschütteln sollte der Rangniedrigere oder Jüngere abwarten, bis ihn der Ranghöhere oder Ältere anspricht. Es gilt weiterhin als unhöflich, umgekehrt die Initiative zu ergreifen und dem

Ranghöheren zuerst die Hand zu geben.

Chinesische Frauen grüßen gewöhnlich mit einer Verbeugung und/ oder einem Kopf-Nicken. Wenn Sie merken, dass die Damen, die vor Ihnen stehen, keine Anstalten zum Handschütteln machen, beugen Sie sich einfach leicht nach vorne und lächeln Sie sie dabei kurz an.

Sie sollten beim Händegeben in China unbedingt auf den Händedruck achten, der bei Deutschen normalerweise fest ist. Dies gilt als Zeichen von Durchsetzungsvermögen, ein schwacher Händedruck wirkt unangenehm. Viele deutsche Geschäftsleute berichten, dass sich in China der Druck oft wie ein nasser Waschlappen anfühlt.

Wären Chinesen darüber informiert, würden sie Ihnen sicherlich immer kräftig die Hand geben. Händeschütteln ist ein westlicher Brauch und Chinesen beobachten zwar, wie sich Europäer bei der Begrüßung die Hand geben, aber leider spürt man beim Beobachten den Druck nicht. Chinesen rätseln seit geraumer Zeit über den Händedruck nach. Auch „Experten" geben sehr unterschiedliche Ratschläge dazu, die nur noch mehr Verwirrung stiften. Da wird geraten, ein Händedruck solle so kräftig sein, wie wenn man einen Wok hielte. Andere vergleichen ihn mit dem Griff um einen Tennisschläger, wenn man gerade den Ball treffen will. Wenn Chinesen nicht verstehen, was gemeint ist, tun sie sich bei der Umsetzung schwer. Ein weiterer Rat lautet, man solle die Hand des Anderen zwar kräftig drücken, aber damit aufhören, bevor man ihm weh tut. Einige Etikette-Experten geben außerdem Ratschläge über die „elegante westliche" Art Frauen gegenüber: die Dame hält ihre Hand wie zum Handkuss in Richtung des männlichen Gegenübers, und der Mann legt die Finger der Dame kurz an die Lippen.

Das größte Problem bei der Vermittlung westlicher Etikette in China liegt darin, dass die Umgangsformen aller westlichen Ländern miteinander vermengt, und dann zu einer einzigen Grundregel verschmolzen werden. Europa, die USA, Kanada, Australien und Neuseeland zählen nach chinesischem Verständnis alle zu den westlichen Ländern. Die kulturellen Unterschiede sowie die Mentalitätsdifferenzen zwischen Europa, Nordamerika und Australien werden von der Mehrheit der Chinesen nicht wirklich wahrgenommen. Die Vereinigten Staaten gelten dabei aufgrund des häufigen Kontakts beider Länder und der weit verbreiteten Hollywood-Filme als maßgebliche Vertreter westlicher Kultur. Mittlerweile ist es manchen Geschäftsleuten und Studenten bekannt, dass es doch feine Unterschiede zwischen den Kontinenten und den verschiedenen europäischen Ländern gibt. Aber in den Regalen der chinesischen Buchhandlungen fehlen noch die Handbücher mit länderspezifischen Erläuterungen.

Zurück zur Praxis: es ist unwichtig, ob man sich die Hand schüttelt oder sich verbeugt – wenn Sie nicht wissen wohin mit Ihrer Hand, beugen Sie sich am besten zuerst mit einem Lächeln ganz leicht nach vorne in Richtung des Gegenübers, und halten Sie Ihre Hand bereit. Beobachten Sie, wie sich die Situation entwickelt, und reagieren Sie entsprechend. Achten Sie darauf, die Hand des Anderen nicht zu fest zu drücken, insbesondere bei Frauen. Viele asiatische Frauen tragen Ringe mit Brillianten. Ein zu kräftiger Händedruck könnte sehr schmerzhaft für sie sein.

Zum Nachdenken:
Ein deutscher und ein chinesische Partner lernen sich gerade kennen. Bei der Begrüßung verbeugt sich der Deutsche förmlich, der Chinese dagegen gibt ihm die Hand. Beide bemerken sofort diese unstimmige Aktion und reagieren umgehend darauf. Der Chinese verbeugt sich, während ihm der Deutsche gleichzeitig die Hand gibt. Über dieses Missgeschick lachen sie beide.
Ist diese Situation unerfreulich? Denken Sie nach, ohne die Erklärung vorher zu lesen.

Erläuterung:
Offensichtlich waren beide Geschäftspartner jeweils bemüht, sich auf die erste Begegnung vorzubereiten. Es lief zwar anders als vorgestellt, aber beide finden das Vorgefallene amüsant und lachen zusammen darüber. Lachen ist grundsätzlich gut. Die beiderseitigen Bemühungen wurden bemerkt und zugleich das Eis gebrochen.
Beim anfänglichen Geschäftskontakt wirkt die Stimmung oft förmlich, da beide Partner Seriosität vermitteln und gegenseitigen Respekt demonstrieren möchten. Zum Glück ist etwas Spaß immer willkommen, denn Chinesen sind wie die Deutschen von Natur aus umgängliche Menschen und lachen gern. Wenn Sie sich in der oben geschilderten Situation nicht verkrampfen, lacht der chinesische Partner bestimmt ehrlich mit Ihnen. Durch diesen kleinen Zwischenfall hat sich die Distanz zwischen Ihnen bereits verkürzt.

Austausch der Visitenkarten und Reihenfolge der Überreichung

Wie in Europa tauschen chinesische Geschäftsleute, wenn sie sich zum ersten Mal begegnen, Visitenkarten aus. In Europa reicht man dem Partner dabei mit einer Hand die Karte, der Vorgang des Kennenlernens ist kurz und bündig. In Fernost ist das aber keine angemessene Art bei offiziellen Begegnungen. Das erste Treffen mit einem Geschäftspartner wird in China sehr ernst genommen. Die Erwartungen sind unterschiedlich: man tauscht nicht einfach nur Visitenkarten aus, sondern zeigt dem Partner beim Überreichungsvorgang Respekt.

Die folgenden Punkte beschreiben den detaillierten Ablauf des Vorgangs:

1. Die Visitenkarte in die für den Partner lesbare Position drehen (schließlich soll der andere Ihre Karte lesen, und nicht Sie) und mit beiden Händen festhalten, wobei Sie hauptsächlich Daumen- und Zeigefinger benutzen. Die restlichen Finger werden entweder an die Handfläche oder neben dem Zeigefinger aneinander gelegt.
2. Die Karte etwa auf Brusthöhe des Gegenübers heben und dabei den Oberkörper stets leicht nach vorn gebeugt halten.
3. Die Karten austauschen
4. Bei Annahme der Visitenkarte Namen und Titel leise vorlesen und danach den Gegenüberstehenden kurz anlächeln. Versuchen Sie möglichst, sich dessen Namen und Titel zu merken.
5. Den Partner nun mit Namen ansprechen. Daraufhin sollte etwas Small Talk stattfinden.
6. Die angenommene Visitenkarte vor sich auf den Tisch legen.

Beim Austausch von Visitenkarten funktionieren die Regeln wie bei der Begrüßung. Nur der Ranghöhere oder Ältere darf die Initiative ergreifen, der Rangniedrigere oder Jüngere überreicht seine Visitenkarte erst dann, wenn er angesprochen wird. Gewöhnlich senkt er bei der Begrüßung den Kopf etwas tiefer als der Ranghöhere oder Ältere, und zum Zeichen des Respekts hält er die eigene Karte auch etwas niedriger als die, die er entgegennimmt.

Wird ein Rangniedriger oder Fremder nicht angesprochen und möchte den Anderen trotzdem gern kennenlernen, darf er ihm trotz Hierarchie- oder Altersunterschied zuerst die eigene Visitenkarte geben und sich vorstellen. Danach fragt er höflich, ob er auch eine Karte bekommen könne. Wenn dieser Bitte nicht nachgekommen wird, heißt das, dass beim Angesprochenen kein Interesse vorhanden ist.

Stecken Sie die angenommene Karte nicht gleich in die Tasche. Diese Geste signalisiert, dass Sie sich herzlich wenig für diese Person interessieren. Stecken Sie die Karte auch auf keinem Fall in die hintere Hosentasche. Wenn Sie später Platz nehmen, sitzen Sie sozusagen auf der Visitenkarte. Respektvoll ist das auf keinen Fall. Eine Geschäftskarte repräsentiert den Karteninhaber. Behandeln Sie die Karte also genauso behutsam, wie Sie ihn persönlich behandeln würden.

Oft werden Geschäftskarten gleichzeitig ausgetauscht. In dem Fall halten oder schieben Sie Ihre Karte mit beiden Händen in die Mitte zwischen sich selbst und Ihrem Gegenüber. Sobald sich beide Karten in derselben Position befinden, hält die rechte Hand weiterhin die Karte, die linke Hand lässt sie los und nimmt die andere Karte entgegen. Jetzt ist der Tauschvorgang beendet, und man konzentriert sich auf die Karte selbst.

Leider ist es für Europäer nicht immer einfach, chinesische Familiennamen zu erkennen, da sich die chinesische Namensgebung grundlegend von der westlichen unterscheidet. Zudem herrschen in chinesischsprachigen Ländern (Festland China, Taiwan, Hongkong) unterschiedliche Namensanordnungen auf den Visitenkarten.

Bildung chinesischer Namen

In China ist die Reihenfolge bei der Namensgebung genau umgekehrt wie in der westlichen Welt. Vorne steht der Familienname, danach folgt der Vorname. Die meisten chinesischen Namen bestehen aus drei Silben: dem Familiennamen mit einer Silbe und dem Vornamen mit zwei Silben. Die folgende *Tabelle 4* gibt Beispiele für die Systematik chinesischer Namen und zeigt die am häufigsten benutzten Formen bei der Namensbildung.

So weit ist es noch einfach. Allerdings gibt es keine einheitliche Regelung in den chinesischsprachigen Regionen wie Festland China, Hongkong und Taiwan, in welcher Form der Name in einer Fremdsprache auf die Visitenkarte gedruckt werden soll. Jeder hat seine eigene Methode, den Namen in Englisch auf die Visitenkarte zu stellen. Es folgt eine Beschreibung der verschiedenen Formen.

	Familienname	+	Vorname	
Format 1	**Zhu** (1 Silbe)	+	**Rong Ji** (2 Silben)	Am häufigsten benutztes Format
Format 2	**Ma** (1 Silbe)	+	**Li** (1 Silbe)	Mögliche Ausnahme
Format 3	**Ou Yang** (2 Silben)	+	**Zhen Zhen** (2 Silben)	Seltene Ausnahme Familien-name mit zwei Silben

***Tabelle 4:** Aufbau der chinesischen Namen*

Chinesische Namen auf englischen Visitenkarten

REGELUNG IN FESTLAND CHINA

Die chinesische Regierung bemüht sich, die chinesische Art der Namensdarstellung auch auf Geschäftskarten durchzusetzen, siehe *Tabelle 5*. Die erste Silbe ist der Familienname. Nach- und Vornamen, die aus zwei Silben bestehen, werden generell zusammen geschrieben siehe Namen 1 bis 5. Daran erkennt man, dass der Kartenbesitzer aus Festland China stammt. Name 6 verwendet die traditionelle Darstellungsart Chinas. Es ist korrekt, die zwei Silben des Vornamens getrennt zu schreiben. Bei Name 7 hat die Karteninhaberin einen europäischen Vornamen und schreibt auf westliche Art.

	Familienname	+	Vorname
1	**Zhu**	+	**Rongji**
2	**Chen**		**Xiaotian**
3	**Xie**		**Meiling**
4	**Ki**		**Qien**
5	**Ouyang**		**Zhenshen**
6	**Lu**	+	**Jian Hua**
7*	**Mary**	+	**Ma**

*Ausnahme

***Tabelle 5:** Namensstellung auf Visitenkarten in Festland China*

REGELUNG IN HONGKONG UND TAIWAN

Hongkong und Taiwan orientieren sich mehr am Westen als das Festland. Darum hat man neben dem chinesischen oft noch einen westlichen Vornamen, der hauptsächlich im Geschäftsalltag benutzt wird, und als zusätzlicher Name in den Pass eingetragen werden kann. In beiden Regionen schreibt man den englischen Vornamen wie in Europa vor den Familiennamen, wie z.B. Victor Sun in *Tabelle 6*, David Tsai und Candy Lee in *Tabelle 8*. Es gibt auch noch weitere Formen der Namensdarstellung auf Visitenkarten.

Vorname	+	Familienname
Victor		**Sun**
Kathy		**Tam**
Anna		**Wong**

Tabelle 6: *Namensstellung auf einer Visitenkarte in Hongkong – Methode 1*

BESONDERHEIT IN HONGKONG

In Hongkong werden häufig die europäischen Vornamen und die vollständigen chinesischen Namen zusammen verwendet, siehe *Tabelle 7*. Das scheint im ersten Moment ziemlich kompliziert zu sein, aber das System ist recht einfach. Decken Sie den chinesischen Vornamen zu, stellt sich der Name auf europäische Art dar. Decken Sie den europäischen Vornamen ab, sieht man die chinesische Namensbildung. Bei dieser Kombination ist sowohl die westliche als auch chinesische Form korrekt dargestellt. Hier ein Tipp: wenn Sie eine Visitenkarte bekommen haben, suchen Sie zuerst den europäischen Namen. Decken Sie ihn zu. Die erste folgende Silbe ist dann in der Regel der Familienname.

Europäischer Vorname	+	Familienname	+	Chinesischer Vorname
Franki		**Wong**		**Kim Fung**
James		**Li**		**Tak Chi**

Tabelle 7: *Namensstellung auf einer Visitenkarte in Hongkong – Methode 2*

BESONDERHEITEN IN TAIWAN

In Taiwan ist es allgemein üblich, Initialen zwischen den europäischen Vornamen und den chinesischen Familiennamen zu setzten, wie Name 3 und 4 in *Tabelle 8* zeigt. Beim Namen Vicky H.I. Ding wäre „H.I." hier die Abkürzung des chinesischen Vornamens.

Eine andere Variante ist ein Bindestrich zwischen beiden Silben des Vornamens. Ken-Yuan ist bei Name 6 also der Vorname.

	Vorname +	Familienname
1	**David**	**Tsai**
2	**Candy**	**Lee**
3	**Vicky H. I.**	**Ding**
4	**John C. C.**	**Hsieh**
5	**T. C.**	**Huang**
6	**Ken-Yuan**	**Chou**

***Tabelle 8:** Namenstellung auf einer Visitenkarte in Taiwan*

Wichtiges aus einer Visitenkarte herauslesen

Es ist unbedingt empfehlenswert, sich sofort nach Erhalt einer Geschäftskarte mindestens eine halbe Minute darauf zu konzentrieren. Lesen Sie in alle Ruhe Namen und Titel langsam und leise vor sich hin. Zum einen macht es einen guten und seriösen Eindruck, da es zeigt, dass Sie sich für Ihr Gegenüber interessieren. Zum anderen haben Sie dadurch die Möglichkeit, auf einen Blick die wichtigsten Informationen wie Nachnamen, Funktion, Abteilung, Firmennamen, Firmensitz sowie Herkunft der Firma oder des Karteninhabers herauszufinden. Diese Informationen reichen für den ersten Small-Talk aus. Während eines erfolgreich verlaufenden Gesprächs erhalten Sie wichtige, nähere Auskünfte über Ihr Gegenüber oder die Firma. Diese Informationen sind nützlich für den Aufbau oder die Erweiterung des Kontaktnetzwerkes. Wenn Sie sich nicht gerade auf einer Messe befinden, nehmen Sie sich die Zeit dafür.

Mittlerweile hat eine große Anzahl von Unternehmen aus Hongkong und Taiwan ihren Sitz in China. Für den Geschäftsverlauf entsenden sie ihre Mitarbeiter nach China. Es ist für Europäer nicht immer einfach, die Herkunft ihrer chinesischen Partner an den Gesichtszügen zu erkennen. Die Geschäftskarten helfen Ihnen dabei ein wenig weiter. Neben den oben geklärten Merkmalen bei der Namensbildung achten Sie auch auf die Firmenadresse. Sollte nur ein Firmensitz in China angegeben sein, handelt es sich meist um ein chinesisch-stämmiges Unternehmen. Sollten auf der Karte neben einer Adresse in China auch ein Hauptsitz sowie weitere Filialen in Hongkong oder Taiwan aufgeführt sein, ist der Karteninhaber möglicherweise ein Zuwanderer.

Übung:
Nicht immer sind Visitenkarten zu Kennenlern-Anlässen in westlicher Schrift gedruckt? Was ist zu tun, wenn da nur chinesische Schriftzeichen stehen?
Denken Sie nach, was Sie unternehmen würden, ohne die Erklärung vorher zu lesen.

Erklärung:
Es ist durchaus möglich, dass Sie chinesische Geschäftskarten erhalten. Wenn der Karteninhaber ein älterer Herr oder eine ältere Dame ist, könnte das darauf hindeuten, dass Sie eine wichtige Person vor sich haben. Da diese geschäftlich lieber im Hintergrund operiert oder als Berater fungiert, ist es ihr nicht wichtig, eine Karte in westlicher Schrift zu besitzen. Üblicherweise verfügt diese Person über gar keine oder nur geringfügige Fremdsprachenkenntnisse.
Nehmen Sie sich für solche Karten besonders viel Zeit, und konzentrieren Sie sich auf die Person, die vor Ihnen steht. Wenn sich beide Parteien nicht verständigen können, und der Dolmetscher gerade nicht in der Nähe ist, lächeln Sie immer freundlich, denn jetzt ist menschliche Wärme das Entscheidende. Wenn verbale Kommunikation aus sprachlichen Gründen ausgeschlossen ist, kann man sich nur auf Gefühl und Intuition verlassen.
Nach chinesischer Etikette entschuldigt man sich höflich, dass man „leider" nur muttersprachliche Kenntnisse besitzt. Dann frägt man nach dem Namen des Gegenübers. Alles Weitere hierzu lesen Sie bitte in Kapitel 1 „Kennenlernen auf chinesisch".

Karteiverwaltung und das Nutzen der Kontakte

Da Sie im Laufe der Zeit sehr viele Visitenkarten bekommen werden, sollten Sie eine Datenbank für die gesammelten Karten anlegen, auch für solche, die auf den ersten Blick nicht so wichtig erscheinen. Manche Leute sind vielleicht nicht sofort relevant für das Geschäft, entpuppen sich aber unter Umständen später als unerwartet wichtige Verbindungen oder Entscheidungsträger im Hintergrund. Es ist daher zu empfehlen, jeder Erstbegegnung Aufmerksamkeit zu schenken.

Hier ein Beispiel: Sie befinden sich als Vertriebsbeauftragter in China und beabsichtigen, eine neue Firma als Kunden zu gewinnen. Bei einem Geschäftsessen lernen Sie zufällig jemanden aus dieser Firma kennen. Er arbeitet vielleicht in der Logistikabteilung. Diese Person ist zwar nicht der richtige Ansprechpartner für Sie, aber der Kontakt zu ihm ist enorm wichtig, da er Ihnen Zugang zu diesem Unternehmen verschaffen kann. In China ist es schwierig, mit neuen Firmen ab einer gewissen Größe direkt Kontakt aufzunehmen und schnell den richtigen Ansprechpartner zu finden. In der Regel geben Chinesen nur ungern die Namen ihrer Kollegen an Fremde weiter. Wenn sie aber ein gutes Gefühl dabei haben, könnten sie es eventuell doch tun, oder es kommt gar eine aktive Vermittlung zustande.

Heben Sie deshalb die erhaltenen Karten gut auf. Auch wenn ein Kontakt erst Jahre später zustande kommt, und der Betreffende gar nicht mehr in der besagten Firma tätig sein sollte, öffnen sich Türen doch leichter, wenn Sie zumindest einen Namen nennen können.

Vielleicht haben Sie im Laufe der Zeit mehrere Karten von einem Chinesen bekommen. Alle zwei oder drei Jahre besitzt er eine neue Karte mit einem neuen Titel, was die wichtige Information vermittelt, dass er Karriere in der Firma macht.

Ihre eigene Präsentation auf Visitenkarten

DER TITEL

Zu deutschen Geschäftskarten gibt es bei der Verwendung in China eigentlich wenig zu sagen. Worauf Sie achten sollten, ist Ihr Titel auf der Karte, denn es gibt zwischen Deutschland und China Unterschiede bei der Titelvergabe. Vielleicht ist Ihnen bereits aufgefallen, dass Chinesen schöne Titel lieben. Es gibt zahllose „Manager", die aber bei vielen Dingen nicht allein entscheidungsbefugt sind. Deutsche Unternehmen sind im Vergleich dazu deutlich bescheidener mit der Titelvergabe.

Tatsächlich hat ein deutscher Sachbearbeiter wesentlich mehr Entscheidungsbefugnis als seine chinesischen Kollegen in derselben Position. Bei gleicher Firmengröße verfügt ein deutscher Projektleiter über mehr Entscheidungsfreiheit als ein chinesischer Abteilungsleiter. Ein Angestellter ohne Manager-Titel hat in chinesischen Unternehmen praktisch keinerlei Entscheidungsbefugnis. Achten Sie daher darauf, mit jemandem zu verhandeln, der zumindest einen Manager-Titel besitzt. Am besten verhandeln Sie je nach Firmengröße direkt mit den Abteilungsleitern, den Direktoren oder dem Präsidenten, denn das sind diejenigen, die auch tatsächlich Entscheidungen treffen können.

Wenn Sie Entscheidungsträger ansprechen wollen, hat Ihr Titel eine wichtige Funktion. Mit einer Visitenkarte vom Vertrieb ist es eher unwahrscheinlich, die Geschäftsleitung zu Gesicht zu bekommen, außer Ihre Firma hat in China einen sehr bekannten Namen. Wenn es irgendwie möglich ist, bringen Sie mindestens einen „Manager-Titel" nach China mit. Das ist keinesfalls Angeberei. Ihr Titel sollte nämlich Ihrem Entscheidungsfreiraum entsprechen, und das auch deutlich erkennbar machen. Er hilft, Ihre Aufgabe erfolgreich zu bewältigen. Sollte Ihr Vorgesetzter bei der Titelvergabe zögern, begründen Sie es mit dem Satz: „Es steigert den Umsatz".

VISITENKARTEN AUF CHINESISCH?

Wenn Sie oft nach China reisen, ist es empfehlenswert, Ihre Visitenkarte auf chinesisch übersetzen zu lassen. Am allerbesten wäre eine deutsch-chinesische oder gar englisch-chinesische Karte. Die Übersetzung ist eine große Hilfe für chinesische Geschäftsleiter, die weniger englisch können und zeugt gleichzeitig von Entgegenkommen und Aufmerksamkeit.

Wenn Sie im chinesischen und taiwanesischen Markt tätig sind, sollten Sie nach Möglichkeit zwei chinesische Karten besitzen, und zwar eine Karte mit kurzen Schriftzeichen (auf englisch: „simplified Chinese") für Festland China, und eine mit traditionellen Schriftzeichen (auf englisch: „traditional Chinese") für Hongkong und Taiwan. Früher war es so, dass es nicht gut ankam, wenn man Festlandchinesen die traditionelle, und Taiwanesen die vereinfachte Karte präsentierte. Mittlerweile sehen das die Geschäftsleute in diesen drei Regionen nicht mehr so eng. Falls Sie doch eine gewisse Spannung spüren, verwenden Sie lieber Ihre deutsche Karte.

EIN CHINESISCHER NAME FÜR SIE?

Kommen Sie, wenn Sie möchten, Ihrem chinesischen Partner noch einen Schritt weiter entgegen, und lassen Sie einen chinesischen Namen auf Ihre Karte drucken. Das ist eine wunderbare Idee, und Sie sammeln noch bedeutend mehr Pluspunkte, wenn Sie sich gut mit der Bedeutung Ihrer chinesischen Namen auskennen. Wenn Sie sich zu diesem Schritt entschließen, suchen Sie sich am besten einen guten Namen aus. Mit der Wahl können Sie gerne Ihren chinesischen Partner oder Kollegen beauftragen, denn jeder Chinese wird sich über Ihre Begeisterung für die chinesische Kultur freuen.

Es gibt normalerweise zwei Methoden, chinesische Namen zu erfinden. Die erste Methode besteht darin, Wörter zu finden, die ähnlich wie Ihre deutschen Namen klingen. Ein Beispiel hierfür:

Deutscher Name:	Sascha Stein
Im Chinesischen:	saxia shitan (萨夏。史坦)

Ein solcher Name hat keine Bedeutung. Ehrlich gesagt ist diese Methode auch nicht chinesisch, denn jeder chinesische Name hat eine Bedeutung, der die Erwartungen oder Wünsche der Eltern an die Kinder widerspiegelt. Möchten Sie einen besonderen Namen haben? Der Weg zu einem guten Namen sieht so aus: überlegen Sie zuerst, welche Bedeutungen die Namen haben sollten. Anhaltspunkte bei der Wahl Ihres Wunschnamens sind Ihr Hobby, Ihre Persönlichkeit oder auch ganz persönliche Namenswünsche. Lassen Sie sich dann von Chinesen beraten, die Ihnen Vorschläge machen sollen. Zum Schluss einigen Sie sich auf die Kombination der Silben.

Nehmen wir an, dass obiger Herr Sascha Stein ein sportlicher Typ ist. Er ist außerdem ein offener Mensch und nimmt gerne Herausforderungen an. Man könnte ihm einen Name wie unterstehend vorschlagen:

Deutscher Name:	Sascha Stein	
Auf chinesisch:	Shi KaiJie	(石凯杰)

Shi ist ein gängiger Familienname Chinas und heißt wie auf deutsch Stein. Kai ist ein männlicher Vorname und bedeutet Triumph, Harmonie und Glück. Jie ist auch ein männlicher Vorname und heißt außergewöhnlich. Diese Namen können sich doch wirklich sehen lassen, meinen Sie nicht auch?

Weiteres Beachtenswertes...

SOVIEL VISITENKARTEN WIE MÖGLICH IN DEN KOFFER PACKEN

Bringen Sie so viel Geschäftskarten wie möglich nach China mit, Sie werden es nicht bereuen. Außerdem sind die Karten ja klein und nehmen nicht viel Platz weg. Ein Visitenkarten-Etui macht auch einen guten Eindruck und sorgt für Ordnung.

EINE VISITENKARTE IST KEIN NOTIZBLOCK

Man schreibt niemals vor den Augen des Anderen auf dessen Karte, kritzeln Sie auch nicht auf Ihre eigene. Die Geschäftskarte repräsentiert das ganz persönliche Image des Kartenbesitzers, und niemand beschmiert freiwillig das eigene Gesicht. Wichtige Zusatzinformationen können Sie auf die Rückseite Ihrer eigenen Karte schreiben, wenn Sie wirklich nichts anderes zur Hand haben. Wenn Sie die gesammelten Informationen über eine Person zur späteren Erinnerung auf der Rückseite ihrer Karte notieren möchten, warten Sie, bis Sie alleine sind.

Man sollte noch erwähnen, dass nicht alle Chinesen auf solche Kleinigkeiten achten. Sie verkehren aber in der Regel mit ranghöheren Personen, und solche Leute legen großen Wert auf feine Umgangsformen. Wenn Sie achtsam und aufmerksam sind, wird das positiv vermerkt werden.

5. Die Kunst des Schenkens – Geschenktradition in China

- Die Geschenktradition und die Kunst des Schenkens
- Sonderanlässe fürs Schenken
- Was kann ein Geschenk vermitteln – sein unausgesprochener Inhalt
- Die Grenze zwischen Geschenken und Bestechung
- Geschenkkultur im Geschäft – ein Muss für die geschäftliche Abwicklung?
- Werden Geschenke von deutschen Besuchern erwartet?
- Was bringt man mit? Worauf sollte man achten?
- Welche Geschenke sind tabu?
- Wo kauft man die Geschenke ein?
- Die Reihenfolge der Geschenküberreichung
- Der passende Zeitpunkt
- Kleines Geschenk mit großer Wirkung
- Weiteres Beachtenswertes...
- Übungen

Viele deutsche Geschäftsleute wissen, dass Geschenke bei der Geschäftsanbahnung in China wichtig sind. Also bringen sie bei Chinareisen etwas mit, weil es erwartet wird. Erfahrene machen sich zusätzlich Gedanken darüber, besonders passende Geschenke für bestimmte Personen auszuwählen, um ihre Wertschätzung zu zeigen, sowie die Kontakte zu chinesischen Geschäftsfreunden zu intensivieren.

Um sich einen größeren Handlungsspielraum zu verschaffen und zugleich das Schenken zu erleichtern, ist es von Vorteil, den Sinn der Geschenktradition Chinas und deren Bedeutung bei geschäftlichen Transaktionen zu verstehen. Kennt man erst einmal die Spielregeln, beherrscht man auch die richtige Technik der Schenkkunst. Dazu müssen wir etwas tiefer in den gesellschaftlichen Alltag Chinas eintauchen und ihre Wurzeln ergründen.

Die Geschenktradition und die Kunst des Schenkens

Geschenke haben in China eine weit zurückreichende Tradition. Im täglichen Leben machen sich Menschen ständig Gedanken darüber, welche Geschenke zu welchem Anlass und für welche Personen erwartet werden. Bekommt man andererseits selber ein Geschenk, muss man sich daran erinnern, zum nächstmöglichen und passenden Zeitpunkt ein Gegengeschenk zu überreichen. Geschickter Umgang mit Geschenken ist in der chinesischen Gesellschaft ein Beweis von Sozialfähigkeit.

Das übergeordnete und zentrale Thema dieser Tradition ist die Pflege von Sozialkontakten. Es wird Wert darauf gelegt, die zwischenmenschlichen Beziehungen im eigenen Lebensumfeld ordnungsgemäß zu pflegen und dementsprechend korrekt zu handeln. Das Mittel zur Beziehungspflege ist die Geschenktradition. Im chinesischen Sozialleben spiegelt der Inhalt des Geschenks und die Häufigkeit des Geschenkaustausches die Beziehungsqualität zwischen Schenkendem und Beschenktem wider. Die Werte der Geschenke sollten, genau genommen, eher nebensächlich sein. Wichtig ist es, den „Geschenkverkehr" richtig, und zwar den Kontakten entsprechend zu regeln.

Geschenke im Alltag können entweder materielle Gegenstände, Gefälligkeiten oder Einladungen sein. Wird man zum Essen in einen Privathaushalt eingeladen, bringt man beispielsweise einen Obstkorb, eine Schachtel Kekse oder Süßigkeiten mit. Wird man zum Essen ins Restaurant eingeladen, revanchiert man sich für die Einladung ebenfalls mit einem Restaurantbesuch oder einer Bierrunde nach dem Essen. Zu Besuchen von Verwandten oder Freunden in anderen Städten sind üblicherweise Spezialitäten aus der eigenen Heimatstadt als Mitbringsel angesagt. Grundsätzlich gelten folgende Regeln: Einer Einladung folgt eine Gegeneinladung, für ein Geschenk revanchiert man sich mit einem Gegengeschenk oder einem Gefallen, sowie für einen Gefallen mit einem Gegengefallen bzw. mit einer Essenseinladung. Normalerweise lassen sich alle drei Möglichkeiten gut miteinander kombinieren oder austauschen.

Von einer Reise oder einem Urlaub bringen Chinesen immer etwas für Andere mit. Am Ende einer Deutschlandreise hatte eine Hongkong-Chinesin den ganzen Koffer voll gepackt mit Geschenken: Strumpfhosen für diverse Freundinnen, ein Bierkrug für den Nachbarn, der ihr bei Bedarf immer geholfen hat und Schokolade für die Kinder aus der nahen und entfernteren Nachbarschaft. Selbstverständlich vergaß sie ihre eigenen Kinder, Nichten, Neffen und Enkelkinder nicht.

Eine 15-jährige Jugendliche aus Taiwan verbrachte ihren Sommerurlaub bei der Tante in Deutschland. Ihre Eltern gaben ihr den Tipp, einige kleine Geschenke wie Armbänder, Halsketten und Handyanhänger auf die Reise mitzunehmen. Sollte die junge Frau während der Reise eventuell neue Freundschaften schließen, so könnte sie den neuen Freunden eine Kleinigkeit schenken.

Auf diese Art lernen Kinder in Asien den Umgang mit Menschen. Man zeigt den Anderen seine Aufmerksamkeit durch Überreichen kleiner Geschenke, um ihnen ohne Worte zu sagen, dass man ihnen dankt, sie mag, oder sich einfach nur über die Freundschaft oder eine Begegnung freut. In einem Geschenk sind Gruß, Glückwunsch sowie Freundlichkeit verpackt.

Das dadurch entstehende soziale Netz wächst grenzübergreifend vom Privatbereich bis hin zum Arbeitplatz, bestehend aus vielen Fäden, die sich in alle Richtungen verlängern lassen. Der positive Aspekt dabei ist, dass man viele Ressourcen schafft, auf die man bei Bedarf zurückgreifen kann. Der Nachteil besteht darin, dass es zugleich die Grundlage für „Vetternwirtschaft“ bildet. Einsatzmöglichkeiten und Handhabung des Netzes sind also jedem selbst überlassen.

Einer taiwanesischen Lehrerin gelang es mit minimalem Aufwand, ihren 16-jährigen Sohn innerhalb derselben Schule die Klasse wechseln zu lassen. Die Ehefrau ihres Kollegen arbeitete nämlich in der Schulverwaltung und ist ganz närrisch auf Salatdressings von Maggi. Die Lehrerin ließ ein Paket aus Deutschland einfliegen und machte damit für den Sohn den Weg frei. Kleinere Gefälligkeiten der oben beschriebenen Art sind in Taiwan und China sehr häufig. Jeder weiß zwar, dass solch ein Verhalten nicht wirklich korrekt ist, dennoch praktiziert man es stillschweigend und etwas verschämt.

Sonderanlässe fürs Schenken

Hochzeiten, Trauerfeiern, die Geburt eines Kindes, Geburtstage der (meistens) Älteren, sowie einige Jahresfeste wie Neujahrs- und Mondfest gehören zu den besonderen Anlässen des Schenkens.

HOCHZEITEN

Wird man zu einer Hochzeit eingeladen, erhält man eine rote Einladungskarte („hong tie“, 红帖) und bringt zum Hochzeitsbankett Geld in einem roten Umschlag („hong bao“, 红包) als Geschenk mit. Wie hoch die Summe darin sein sollte, hängt vom Beziehungsverhältnis zum Gastgeber und dem Einkommen des Eingeladenen ab. In großen Städten Chinas, sowie in Hongkong und Taiwan wäre für eine „normale“ Beziehung wie beispielsweise zwischen Bekannten, Nachbarn, Arbeitskollegen usw. ein „Rotumschlag“ mit einem Inhalt in Höhe von 20 bis 50 Euro passend. Ansonsten richtet sich die Summe nach der Art und der Örtlichkeit der (Geschäfts-)Beziehungen. In einer ärmeren Gegend ist der Umschlag entsprechend „schlanker“. Da es von Region zu Region Unterschiede gibt, sollte man sich vorab immer nach dem angemessenen Betrag erkundigen.

Auf den Umschlag schreibt man den eigenen Namen. Am Eingang des Festsaals kommen die Gäste zuerst an einem rot gedeckten Tisch mit einem Empfangskomitee vorbei. Dort wird um die Unterschriften ins Gästebuch gebeten. Dies ist der richtige Zeitpunkt, das Umschlaggeschenk zu überreichen. In Taiwan sehen Sie eventuell zwei Tische am Eingang stehen, was bedeutet, dass das Brautpaar getrennte Kassen für die Hochzeit führt. Ursprünglich ist der Geldumschlag dafür gedacht, das teure Bankett solidarisch mit zu finanzieren, sowie dem jungen Brautpaar zu Beginn des gemeinsamen Lebens ein wenig unter die Arme zu greifen. Leider gab es früher nach Hochzeiten oft Streitigkeiten zwischen den Brautpaarfamilien wegen der Rechnungen. Daher spricht man sich jetzt lieber vorher ab, um eine mögliche, nachträgliche Ehekrise zu vermeiden.

Heutzutage bevorzugen manche Familien eine einfache Form des Hochzeitsfests und feiern lieber im engsten Familienkreis. Sie geben die Nachricht über die Hochzeit im Verwandten- und Freundeskreis absichtlich nicht vorher bekannt. Erst nach dem Fest informieren sie den entfernteren Bekanntenkreis entweder telefonisch oder bei einem persönlichen Besuch, zu dessen Anlass sie ein kleines Hochzeitsgeschenk, üblicherweise Hochzeitsgebäck, mitbringen.

NEUJAHRSFESTE

Das chinesische Neujahrsfest ist, wie Weihnachten in der westlichen Welt, das wichtigste Familienfest. Traditionell versammeln sich die Familienmitglieder an Silvester bei den Eltern zum Abendessen. Zu diesem wichtigen Anlass machen sich, soweit die Entfernung es zulässt, die unverheirateten Kinder und die verheirateten Söhne samt Frau und Kindern auf den Weg zum Elternhaus. Einmal im Jahr befindet sich daher zu dieser Zeit das Land sozusagen in höchstem Alarmzustand. Millionen von Menschen setzten sich am gleichen Tag in Bewegung; das Verkehrsaufkommen ist ungeheuerlich. In dieser einen Nacht sind die Straßen aller Städte menschenleer. Man könnte sie praktisch blind überqueren und dabei tanzen.

Anders als in Europa, wo Geschenke vorwiegend aus Sachgegenständen bestehen, überreicht man in China lieber Geld. Die chinesischen Kinder erhalten nach dem Abendessen rote Umschläge von Eltern und Großeltern als Glückwunsch. Die verheirateten Kinder geben den Eltern ebenfalls einen Geldumschlag. Symbolisch wird dadurch die Dankbarkeit der Kinder ausgedrückt.

Mit dem ersten Neujahrstag beginnen die Feierlichkeiten offiziell und dann wird auch richtig gefeiert. Verwandte und Freunde besuchen sich, um sich zum Neuen Jahr Glück zu wünschen. Zum Zeichen der guten Sitte verteilen die Erwachsenen, wie bereits oben erwähnt, „Rotumschläge" an alle anwesenden Kinder. In die für die eigenen Kinder stecken sie natürlich mehr Geld.

Neujahr ist für Kinder das schönste Fest. Wenn sie Glück und viele Verwandte haben, können sie manchmal die stattliche Summe von über tausend Euro einsammeln.

Am zweiten oder dritten Neujahrstag fahren alle Töchter samt Ehemann und Kindern zu den eigenen Eltern. Wieder einmal entsteht ein verheerendes Verkehrchaos im Land – Jahr für Jahr herrscht an diesen Tagen Alarmstufe Rot.

Sollten Sie längere Zeit in China leben und arbeiten, ist es empfehlenswert, einige Rotumschläge zu kaufen. Sie sind in Schreibwarenläden erhältlich, und es existiert eine große Auswahl mit unterschiedlichen, aufgedruckten Glückssprüchen für verschiedene Anlässe. Wählen Sie Umschläge ohne Sprüche und Bilder, sie passen zu jedem Fest.

In der Geschäftswelt ist Neujahr die beste Gelegenheit, um Kontakte zu pflegen. So wie das Weihnachtsessen in Deutschland, ist das firmeninterne Neujahrsessen ein wichtiges Programm für die Mitarbeiter. Vor dem Essen wird das Neujahrsgeld oder der Bonus ausbezahlt. Es wird gut gegessen, getrunken und gefeiert. Zur Feier werden Geschenke verteilt oder verlost. Viele Firmen nehmen diesen Anlass dazu wahr, wichtigen Kunden und befreundeten Firmen Lose für Spielzeug, Elektrogeräte, Haushaltswaren, Einkaufsgutscheine und anderes zu schenken.

Befinden Sie sich zu der Zeit in Deutschland, dann senden Sie Ihren Partnern kurz vor Neujahr telefonisch oder per Email Glückwünsche. In China legt man genauso viel Wert auf Neujahrgrüße und -karten wie in Deutschland an Weihnachten. Die genauen Daten der chinesischen Neujahrsfeste und Tierkreiszeichen sind unten bis zum Jahr 2020 für Sie aufgelistet.

2016	*08. Februar (Mo)*	*Affe*
2017	*28. Januar (Sa)*	*Hahn*
2018	*16. Februar (Fr)*	*Hund*
2019	*05. Februar (Di)*	*Schwein*
2020	*25. Januar (Sa)*	*Ratte*
2021	*12. Februar(Fr.)*	*Ochse*
2022	*01. Februar (Di.)*	*Tiger*
2023	*22. Januar (So.)*	*Hase*
2024	*10. Februar (Sa.)*	*Drachen*
2025	*29. Januar (Mi.)*	*Schlange*
2026	*17. Februar (Di.)*	*Pferd*
2027	*06. Februar (Sa.)*	*Schaf*
2028	*26. Januar (Mi.)*	*Affe*
2029	*13. Februar (Di.)*	*Hahn*
2030	*03. Februar (So.)*	*Hund*

GEBURTSTAGE

Geburtstagsgeschenke überreicht man nur Personen, zu denen man eine engere Beziehung hat. Für Neugeborene gibt es eine Goldkette oder -anhänger. Zur Geburtstagsfeier einer älteren Person ist ein Blumenkranz oder ein Glückwunschbanner üblich.

TRAUERFEIER

Wenn sowohl der Verstorbene als auch die Angehörigen zum Bekanntenkreis zählen, bringt man zur Trauerfeier einen Geldumschlag in weiß mit. Bei einer Sonder- bzw. Geschäftsbeziehung ist dagegen ein Blumenkranz oder ein Trauerbanner passend. Nach der Trauerzeremonie ist üblicherweise ein Leichenschmaus für die Gäste vorgesehen. Geschäftsfreunde gehen entweder persönlich zur Beerdigung oder lassen einen Blumenkranz liefern.

MONDFEST

In China gibt es viele traditionelle Feste. Ein Geschenk gibt es allerdings nur zum Mondfest. Die Geschichte des Mondfestes entstand vor sehr langer Zeit. Sie begann mit einer schönen Frau, die sich wünschte, immer jung und schön zu bleiben. Als Belohnung für eine gute Tat erhielt ihr Mann eine Pille von der Göttin des Ostens, die ihm ewiges Leben versprach. Ohne Wissen über mögliche Nebenwirkungen schluckte die Frau heimlich die Pille. Allmählich verlor sie soviel Gewicht, dass sie eines Tages hilflos bis zum Mond schwebte. Der Legende nach lebte auch ein Hase auf dem Mond, aber das ist eine ganz andere Geschichte.

Zur Feier des Mondfests gibt es Mondkuchen zu essen. Man kauft ihn oder erhält ihn von Freunden oder vom Arbeitgeber als Geschenk. Firmen nutzen wieder einmal die Gelegenheit und schenken ihren Kunden Mondkuchen, um Beziehungen weiter zu festigen. Da die Mondkuchenlieferungen von Firma zu Firma kreuz und quer durch die Stadt getätigt werden, führt dies immer wieder zu schwerem Verkehrschaos.

Mondkuchen sind normalerweise sehr süß und haben einen Durchmesser von vier bis acht Zentimentern. Die Füllungen sind vielfältig wie z.B. Kastanienpüree, rote oder grüne Bohnen und Ananas. Oft wird in die Mitte des Kuchens ein gekochtes Eigelb als Symbol des Mondes eingebacken.

Was kann ein Geschenk vermitteln – sein unausgesprochener Inhalt

Die zwischenmenschlichen Beziehungen in China nennt man „renqing" (人情) (ren: Mensch; qin: Liebe, Beziehung, Gefälligkeit). Da es viel zu viele Menschen in China gibt, kann man sich nur um die näher stehenden Mitmenschen kümmern und das Sozialnetz im eigenen Lebensumfeld regulieren. In China lernt man von Kindheit an, „renqing wang" (人情网) (wang: das Netz; renqin wang: Kontakt-/Sozialnetz) zu managen. Das Beziehungsmanagement gehört wohl zur wichtigsten Sozialfähigkeit in China. Geschenke sind ein sichtbares Mittel, um die soziale Ordnung aufrecht zu erhalten und zwischenmenschliche Gefälligkeiten und Gegenseitigkeit zu verdeutlichen.

Eine ältere Frau erklärte ihre Geschenkphilosophie am Beispiel einer Trauerfeier. Sollte die Trauerfeier für eine verstorbene Hausfrau sein, gibt sie den Hinterbliebenen einen dünnen, weißen Umschlag („bai bao",白包). Wenn es sich um den Verlust eines Ehemanns handelt, steckt sie automatisch mehr Geldscheine in den Umschlag. Warum macht sie diesen Unterschied zwischen Mann und Frau? Üblicherweise verdienen die Männer den Unterhalt für die Familie und kommen daher auch nach dem Tod der Gattin materiell gut zu recht. Die Ehefrauen dagegen stehen nach dem Verlust des Mannes sofort vor dem finanziellen Problem, wie sie den Haushalt weiter führen und die Kinder großziehen sollen. Sie können jeden Geldschein gut gebrauchen. Die Weisheit dieser Erklärung liegt auf der Hand.

Optimal wäre es, wenn die Form (das Geschenk) und der Inhalt (die damit verknüpfte Seriosität) miteinander in Einklang stünden. Leider sind im Laufe der Zeit durch diese Tradition große Komplikationen entstanden. Immer wieder wird eine zusätzliche Erwartung, ein Wunsch oder gar Zweck (z.B. im Geschäft) daran geknüpft, und damit ist die Tradition teilweise recht unangenehm geworden. Es ist in Shanghai bereits ein offenes Geheimnis, dass manche Leute mehr als

2000 Gäste zu einem Hochzeitsbankett einladen und anschließend mit den erhaltenen Geldgeschenken eine Anzahlung an einen Immobilienmakler leisten. Es kann passieren, dass man innerhalb eines Monats vier oder fünf Einladungen erhält, und damit ist die Hälfte des Monatsgehalts weg. Hat man nach der Rückkehr von einer Reise beim Verteilen der Mitbringsel einen Bekannten oder Kollegen vergessen, könnte einem dieses Versehen nachgetragen werden und eventuell unschöne Folgen haben. Da niemand als unhöflich gelten oder als sozial ungeschickt abgestempelt werden will, überlegt sich jeder sehr genau, ob er auch an alle gedacht hat.

Die Grenze zwischen Geschenken und Bestechung

In der Geschäftswelt und in der Politik ist die Grenze zwischen Geschenken und Bestechung ziemlich fließend und selbst für chinesische Bürger ein schwieriges Thema. Einerseits ist Korruption leider immer wieder an der Tagesordnung, anderseits wird sie vom Volk verachtet. Die meisten chinesischen Bürger sind anständig, tragen aber sehr oft den Schaden davon. Mitspielen wollen sie eigentlich nicht, aber sie sind machtlos dagegen. Wie der alte Spruch besagt, „Wer hat, der kann". Ein unseriöser Mensch hat Beziehungen und/oder Macht, und daher könnte einem so ein „schwarzes Schaf" gefährlich werden. Aus diesem Grund geht man lieber vorsichtig mit ihm um.

Ein Ingenieur einer großen Telekomfirma wurde mit der Annahmeprüfung neu gekaufter Rechner beauftragt. Er war davon überzeugt, dass die Rechner dem Firmenbedarf bei weitem nicht gerecht wurden. Trotz dieser gegensätzlichen Meinung entschied sich der Abteilungsleiter im Alleingang für den Kauf. Die Vermutung liegt nahe, dass hier Bestechung im Gang war. Am Annahmetag protestierte der Ingenieur auf passive Art und Weise. Er verschwand für ein paar Stunden aus dem Büro und ließ den Verkäufer warten.

Korruption trägt in China die Farbe schwarz. Eine Stadt in der Nähe von Shanghai baute vor Jahren ein neues, achtstöckiges Rathaus. Ganz oben ist das Gebäude schwarz gestrichen, für den Rest wurde weiße Farbe verwendet. Unter der Bevölkerung geht jetzt ein Scherz um: Je höher man steht, desto „schwärzer" ist man.

Die Farbe Schwarz deutet bereits darauf hin, dass Korruption in der Dunkelheit oder „unter dem Tisch" stattfindet. Wie in allen Ländern der Welt ist sie auch in China ein Schattengeschäft, das verstohlen ausgeübt wird. Häufig wird lediglich hinter vorgehaltener Hand angedeutet, dass eine kleine „Infusion" von Nöten sei, um eine Sache voran treiben zu können. Wichtig dabei ist, die eigene Beteiligung nicht an die große Glocke zu hängen und die Aufmerksamkeit der Öffentlichkeit nicht auf sich zu ziehen. Bestechung macht man leise, das versteht sich von selbst.

Geschenkkultur im Geschäft – ein Muss für die geschäftliche Abwicklung?

Generell ist ein Geschenk nicht obligatorisch, um ein Geschäft in China abzuwickeln. Geschäfte macht man auch ohne Hilfe von Geschenken. Im Vordergrund einer normalen geschäftlichen Transaktion steht in erster Linie das Geschäft. An zweiter Stelle kommt die Beziehungsqualität.

Aber es lässt sich nicht leugnen, dass eine gelungene Geschäftsabwicklung an die reibungslose und freundschaftliche Zusammenarbeit zwischen den Partnern gebunden ist. Wenn ein wohlorganisierter Geschäftsablauf die Hardware ist, dann ist der geschickte Umgang mit den Menschen die Software. Ein Geschenk im Geschäftsleben hat eine ähnliche Funktion wie ein Geschenk im Alltag. Spaß und Freundschaft tragen zur Auflockerung einer ansonsten trockenen Geschäftsabwicklung bei, und man freut sich darüber. In diesem Sinne werden Geschenke als Zeichen der Freundlichkeit verstanden und angenommen.

Werden Geschenke von deutschen Besuchern erwartet?

„Kleine Geschenke erhalten die Freundschaft" lautet ein alter, deutscher Spruch. So funktioniert es auch in China. Man erwartet kein Geschenk von ausländischen Geschäftsfreunden, jedoch freut man sich über eine kleine Aufmerksamkeit. Ihr Geschenk übermittelt die stumme Nachricht an den Partner, dass Sie an ihn denken und sich freuen, ihn wiederzusehen oder kennenzulernen. Ihr Geschenk kommt besonders gut an, wenn Sie es von Europa bis nach China transportiert haben. Dies ist gewiss ein langer Weg, und in einem Geschenk sehen Chinesen Ihr Bemühen und Ihre gute Absicht. Das wirklich Wichtige jedoch, noch bedeutungsvoller als Geschenke, sind außer dem Geschäft Ihre Persönlichkeit und Ausstrahlung. Diese Charakteristika sind die wahre Basis für eine gelungene Zusammenarbeit.

Man soll aber nicht einfach annehmen, bei der Verhandlung den Geschäftpartner durch ein Geschenk „weich kochen" zu können. Es versteht sich von selbst, dass sich Freundschaft nicht kaufen lässt. Es könnte ja sein, dass beide Parteien später am Verhandlungstisch hart miteinander feilschen müssen. Aber es spricht nichts dagegen, nach der Verhandlung zusammen ein Bier trinken zu gehen.

Was bringt man mit? Worauf sollte man achten?

Für einen Messeauftritt sind Firmengeschenke üblich. Bei Firmenbesuchen sind verschiedene Geschenke für drei Schenkgruppen zu empfehlen:

1. Firmeninhaber/Geschäftsführer/Top-Manager
2. Mittlere Manager
3. Sachbearbeiter/Ingenieure

Warum Geschenke für die Sachbearbeiter? Sie selbst machen Geschäfte mit dem Chef bzw. dem Manager, aber die tägliche Abwicklung übernehmen die Sachbearbeiter oder Ingenieure. Mit einer kleinen Aufmerksamkeit stellen Sie zu den Verantwortlichen eine persönliche Beziehung her. Sollte der Ablauf eines Projekts später nicht wie gewünscht verlaufen, können Sie diese Leute direkt ansprechen.

Warum verschiedene Geschenke? Es ist in China unangebracht, dem Geschäftsführer das gleiche Geschenk wie dem Sachbearbeiter zu geben. Man muss dabei unbedingt auf die Hierarchie achten. Auch wenn es der Chef nicht so genau nimmt, wäre es trotzdem für die Untergebenen unangenehm.

Es ist zusätzlich auf einiges zu achten, was Ihren China-Besuch angenehmer gestalten kann. Für die Reise sollten die Geschenke klein und leicht sein. Neben Ihren persönlichen Dingen sowie Firmenprospekten und Mustern müssen Sie noch alle Mitbringsel in den Koffer packen. Gute Geschenke sind solche, die den Beschenkten beeindrucken. Kennt man den Gastgeber bereits, kann man ihm schon während der Vorgespräche Informationen darüber entlocken, was er besonders mag. Wenn Sie die Personen nicht kennen, bringen Sie am besten Neutrales mit. Ihre Geschäftsfreunde gehören meist zur Mittel-

und Oberschicht Chinas. Sie sind reich und können sich viel leisten. Außerdem ist fast alles, was man in Deutschland kaufen kann, auch in China erhältlich. Daher sind die besten Geschenke die, die man in China nicht so leicht bekommt. Kleine Spezialitäten aus Ihrer Heimatstadt oder aus Deutschland sind dazu bestens geeignet, wie beispielsweise Heimattellerchen, kunstvoll bedruckte Kalender, Bildbände über Ihre Heimatstadt oder Firma, kleine Bierkrüge, schöne oder hochwertige Schreibutensilien, Schlüsselanhänger, Feuerzeuge mit interessantem Design und ähnliches.

Ein Geheimtipp für Sie ist Früchtetee. „Wie bitte? Tee nach China bringen, höre ich richtig?" Ja, Sie haben richtig verstanden. Nicht schwarzer und grüner Tee, sondern die bunten Früchtetees mit feinen, leckeren Düften sind hier gemeint. China ist weltweit als größter Tee-Exporteur bekannt. Aber wussten Sie schon, dass Früchtetees oder Kräutertees in Asien heiß begehrt sind, und Deutschland ein wichtiger Exporteur dafür ist? Kaufen Sie den Tee im Fachhandel, und lassen Sie verschiedene Sorten in schöne Tüten einfüllen. Asiaten lieben die Geschmacksrichtung süß-sauer, wie z.B. Aprikose, Orange und Wintertraum, da sie häufig den Früchtetee zusammen mit Zucker und Früchtestücken ein Weilchen kochen lassen. Rosen-Tee mit echten Rosenblättern ist auch beliebt. Eine Packung von 100 oder 150 Gramm ist bereits ein gutes Geschenk für die Manager. Für die Ranghöheren können Sie noch etwas dazu legen.

Zum Anlass der Geschenküberreichung erzählen Sie etwas über Früchtetee wie zum Beispiel, dass er eine echte Spezialität aus Deutschland ist. Tatsächlich werden weltweit nur in Deutschland, der Schweiz und Österreich Früchtetees hergestellt. Italiener reisen sogar dorthin, um Früchtetees zu kaufen. In Asien sind die Tees zwar auch erhältlich, aber zu welchen Preisen! Sie machen sich keinen Begriff, wie teuer so etwas dort ist. Die Qualität ist außerdem wesentlich schlechter.

Bedenken Sie, dass die schönen Teetüten beim Transport trotz Schutzhüllen und sorgfältigem Einpacken sehr schnell zerknittert werden und nach dem Auspacken nicht mehr hübsch genug zur Präsentation sind. Das Problem lösen Sie mit einer kleinen Geschenktasche aus Papier. Nehmen Sie zusätzlich einige davon mit. Die Täschchen sind leicht, lassen sich flach falten, sind praktisch auf den Kofferboden zu legen und nehmen kaum Platz weg. So haben Sie immer ein ordentliches Geschenk, das sich jederzeit sehen lassen kann.

Für eine ganze Abteilung oder ein Team ist eine Schachtel Kekse/ Schokolade oder eine Packung Tee passend, damit knüpfen Sie weiterreichende Kontakte. Für die Sachbearbeiter oder SekretärInnen, mit denen Sie direkt zu tun haben, bringen Sie noch ein zusätzliches Mitbringsel für den Schreibtisch mit, oder legen Sie etwas Persönlicheres wie z.B. Parfum, einen bunten Schal und ähnliches dazu. Schokolade schmeckt Chinesen auch und ist für die Winterzeit zu empfehlen. Im Sommer ist es in Asien sehr heiß, und Sie wollen bestimmt kein Schokolade-Fondue im Gepäck vorfinden.

Welche Geschenke sind tabu?

Ein Geschenk kann nicht immer hohe Wertschätzung vermitteln, sondern auch das Gegenteil. Ein Beispiel wäre ein billiger, einfacher Kugelschreiber, der als Geschenk für niemanden passend ist. Bestimmte Gegenstände, die man nach chinesischem Brauch nicht schenken darf besitzen in China eine negative Bedeutung wie z.B. Messer, Scheren, Birnenobst, Regenschirme und Uhren. Messer und Scheren haben scharfe Klingen, die eine Beziehung zerschneiden können. Birnen und Regenschirme sind wegen der Aussprache, die sich wie „Trennung“ anhört, nicht gut. Eine Uhr als Geschenk ist schrecklich, ihre Bedeutung wird ausschließlich mit Beerdigung verbunden. Die Geschenketabus variieren teilweise von Ort zur Ort, was wiederum ein gutes Small-Talk-Thema ist.

Auf der anderen Seite sind aber Kuckucks-Uhren, Schweizer Taschenmesser sowie alle „Made in Germany“ Scheren und Messer weltberühmt, und jeder hätte sie gerne – ein schwerwiegendes Dilemma für die armen Chinesen. Einerseits sind solche Gegenstände laut Aberglauben Unglücksbringer, anderseits hegt ein Chinese den tiefen Wunsch, solche schönen Dinge zu besitzen. Ach, was soll er jetzt nur tun?

Sie können ihn aus dieser schwierigen Situation befreien. Wenn Sie den Beschenkten gut kennen, bitten Sie ihn um einen oder zehn Yuan (chinesische Währung = ca. 10 Cent oder 1 Euro), danach drücken Sie ihm das Geschenk in die Hand. Durch diesen Trick hat er den Gegenstand offiziell gekauft und daher nicht gegen ein Tabu verstoßen.

Wo kauft man die Geschenke ein?

Außer Früchtetees finden Sie viele tolle, kleine Mitbringsel bei den deutschen Fremdenverkehrsämtern und in den Geschenkeläden jeder Stadt. Es kann durchaus sein, dass die Dinge mehrheitlich aus China stammen, und Sie sie jetzt wieder nach China zurück exportieren. Das ist nicht weiter schlimm, weil sie speziell für die europäischen Märkte produziert wurden. Diese spezifischen Designs sind in China nicht erhältlich, denken Sie nur daran, vor dem Einpacken das Etikett des Herkunftsorts zu entfernen.

Übung:
Für Ihren Chinabesuch haben Sie ein Geschenk für einen gut befreundeten Geschäftspartner ausgesucht und ließen es im Geschenkeladen schön einpacken. In Peking überreichen Sie Ihrem Partner das Geschenk und fordern ihn auf, es auszupacken. Er freut sich sehr über Ihre nette, kleine Aufmerksamkeit. Plötzlich sehen Sie beide ein winziges Etikett, das sehr unauffällig auf der Unterseite des Geschenks klebt, mit der Aufschrift „Made in China". Der Partner tut so, als hätte er nichts bemerkt. Wie reagieren Sie jetzt? Sollten Sie wie der Partner auch so tun, als hätten Sie das Etikett nicht gesehen und über andere Themen sprechen? Oder wäre es besser, wenn Sie sich für das Versehen entschuldigen? Oder sollten Sie eine andere Bemerkung machen?
Versuchen Sie zuerst, die Lage selbst einzuschätzen. Denken Sie nach, was Sie unternehmen würden, ohne vorher den uen Handlungsvorschlag zu lesen.

Handlungsvorschlag:
Ein gutes Geschenk muss nicht teuer sein und stammt im besten Fall aus der eigenen Heimat. Nun werden heutzutage viele Sachen, die man in Deutschland findet in China oder Indien hergestellt. Achten Sie deshalb darauf, das Etikett des Herstellers vor dem Verpacken zu entfernen.
Sich in dieser Situation zu entschuldigen ist keine gute Idee, denn dadurch betonen Sie Ihre Unaufmerksamkeit beim Kauf des Geschenks.
In China handelt man in solch einer Situation anders. Wenn Sie wirklich nicht wissen, wie Sie am besten reagieren sollen, tun Sie lieber so, als hätten Sie nichts gemerkt.
Eine noch bessere Lösung wäre, hier eine kleine Notlüge anzuwenden, um mit der für beide Beteiligten unangenehmen Lage umzugehen.

Wichtig dabei ist, etwas Positives zu sagen. Durch die richtige Wortwahl kann das Ungeschick dann in ein Vorkommnis mit positivem Ausgang verwandelt werden. Eine geschickte Bemerkung wäre zum Beispiel: „Sieh mal einer an. Chinesen produzieren genauso gute Produkte wie die Deutschen."

Die Reihenfolge der Geschenküberreichung

Die Geschenke werden der Reihenfolge nach überreicht unter Beachtung der Hierarchie und Rangebene, also von Oben nach Unten, und dann von den Älteren ausgehend zu den Jüngeren. Auf gleicher Rangebene ist die Reihenfolge von Mann oder Frau nicht so wichtig. Wenn Sie nicht genau wissen, wer der Chef ist, sprechen Sie am besten mit Ihren Leuten in China vorher ab, dass sie Ihnen dementsprechende Hinweise vor Ort geben sollen. Ansonsten müssten Sie sich unnötig anstrengen, die wichtigen Personen zu identifizieren. Durch Visitenkarten oder während des Gesprächs können Sie die nötigen Informationen auch herausfiltern.

Stellen Sie fest, dass Sie doch etwas falsch gemacht haben, dann seien Sie deswegen unbesorgt. Es ist alles nicht so schlimm. Chinesen sind sehr tolerant und haben dafür Verständnis.

Der passende Zeitpunkt

Geschenke gleich zu Anfang eines Treffens zu überreichen verschafft Ihnen einen Vorteil beim Partner und lockert die Stimmung. Dabei gibt es nur einen Haken: zum Meeting betreten Chinesen häufig einer nach dem Anderen den Raum, der Chef selbst kommt zuletzt. Wenn Sie die Geschenke zu dem Zeitpunkt bereits verteilt haben und nichts mehr für ihn übrig bleibt, ist das peinlich. Also überreichen Sie die Geschenke ruhig erst dann, wenn alle wichtigen Personen anwesend sind. Wenn Sie sich nicht sicher sind, ob schon alle da sind, warten Sie lieber bis zum Ende des Treffens.

Kleines Geschenk mit großer Wirkung

Wie viel Geld sollte man für die Geschenke ausgeben? Bedenken Sie dabei, dass es viele Chinesen gibt, die Geschäfte eigentlich „sauber" abwickeln möchten. Ein teures Geschenk für sie wäre daher unpassend. Ihr Geschenk sollte so beschaffen sein, dass es der Beschenkte annehmen kann, ohne an eine Gegenleistung denken zu müssen. Offen gesagt ist der Wert eines gut gewählten Geschenks nebensächlich. Autoschlüsselanhänger der Marke BMW, Porsche oder Mercedes Benz kosten im Geschäft fünf oder sechs Euro, sind aber beispielsweise ein gutes Geschenk für einen mittleren Manager. Wahrscheinlich fährt er zwar kein so teures Auto, kann dann aber trotzdem ein bisschen mit dem Anhänger angeben – eine reine Statusangelegenheit.

Ein aufmerksamer Geschäftsführer erfuhr zufällig, dass sein chinesischer Partner gerne klassische Musik hört. Beim nächsten Besuch überreichte er ihm ein ausgesuchtes DVD-Set mit der Musik von berühmten, europäischen Komponisten. Der Chinese war so begeistert, dass er den deutschen Freund gleich nach Hause einlud und ihm stolz seine Stereo-Anlage vorführte.

Viele Chinesen sind Fußballfans und kennen einige bekannte Fußballer aus Deutschland wie Thomas Müller und Manuel Neuer. Die Fanschals oder Fußballtrikots von Borussia Dortmund, Bayern München, Schalke oder auch von Fußballvereinen Ihrer Heimatstadt sind nicht teuer, haben aber großen „Schenk"-Wert, und Sie können wunderschöne Gespräche darüber führen. Wichtig ist nicht nur, was Sie schenken, sondern auch der Hintergrund des Geschenks.

Die taiwanesische Frachtfirma Evergreen mit europäischem Hauptsitz im Hafen von Hamburg erwog vor einigen Jahren den Umzug nach Amsterdam. Um weitere Standorte zu prüfen, machte der Geschäftsführer und Gründer von Evergreen, Chang Long-Fa, zusammen mit seinen wichtigsten Mitarbeitern eine Europareise. Die Stadt Hamburg bereitete zu seinem Besuch einen Empfang vor. Als Empfangsgeschenk für den Ehrengast ließ man ein Modell vom ersten Frachtschiff Evergreens fertigen. Eine Woche vor dem Empfang fiel den Verantwortlichen aber plötzlich ein, dass das erste Schiff Evergreens bei einem Brand gesunken war. Erst mit dem zweiten Schiff hatte Herr Chang sein Vermögen gemacht. Also wurde schnell ein neues Schiffsmodell gefertigt. Als der Bürgermeister Hamburgs Herrn Chang das Geschenk überreichte, war dieser völlig überrascht.

Evergreen beließ seinen Hauptsitz in Hamburg. Sicherlich hat Hamburg als guter Standort viel zu bieten, aber wer weiß? Vielleicht hat das Schiffsmodell irgendwie zu der Entscheidung beigetragen.

Weiteres Beachtenswertes...

Geschenke sollten verpackt sein. Dazu nehmen Sie bitte weder schwarzes noch weißes Geschenkpapier, sondern lieber rot, blau, grün oder generell buntes Papier. Noch besser mit einer Schleife.

Sollten Ihnen die Geschenke auf der Reise ausgehen, kaufen Sie auf keinen Fall etwas in Chinas Duty Free Shops und schenken es dann in Hongkong/Taiwan weiter – genauso wenig wie umgekehrt; das kommt mit Sicherheit nicht gut an. Bevor Sie ein „schlechtes“ Geschenk überreichen, schenken Sie lieber nichts. Wie bereits erwähnt, ein Geschenk dient dazu, Kontakte „geschmeidig“ zu erhalten. Aber auch ohne Geschenk wird ein guter Kontakt bestimmt nicht zerstört. Die Qualität einer Beziehung wird nicht an Geschenken gemessen, sondern an der Ernsthaftigkeit und Seriosität beider Seiten. Verreisen Sie häufig nach China, können Sie jedoch auch einen „Jahresvorrat“ an Geschenken in einem Karton zu Ihrer Niederlassung oder zum Hotel, in dem Sie sich häufig aufhalten, verschiffen lassen.

Zu Anlässen wie der Eröffnung einer Filiale wird ein Blumenkranz geschenkt. Es ist ganz wichtig, den Kranz mit zwei roten Schleifen zu schmücken. Auf einer muss Ihr Firmenname, auf der anderen ein Glückwunsch in der Landessprache stehen. Je nach Art der Beziehung können auch mehrere Blumenkränze überrreicht werden.

Geschenke reduzieren sich im Laufe der Zeit. Schließlich kennt man sich ja bereits und darf daher informeller miteinander umgehen.

Anders als in Deutschland öffnet man in China Geschenke nicht sofort. Nehmen Sie das Geschenk mit beiden Händen und kurzem Dank entgegen, und legen Sie es auf den Tisch oder beiseite. Gelegentlich könnte Sie Ihr Partner dazu auffordern, sein Geschenk sofort auszupacken. In diesem Fall halten Sie sich an die deutsche Sitte, und zeigen Sie deutlich Ihre Freude darüber. Das Geschenk wurde speziell für Sie ausgesucht, und der Gastgeber möchte gerne sehen, ob es Ihnen auch wirklich gefällt.

Hier ein letzter Punkt: wussten Sie schon, dass es eine „Geschenke-Umlaufbahn“ in China gibt? Ja, Geschenke dürfen in China weitergeschenkt werden. Was man selbst nicht braucht, gibt man an Ehepartner, Kinder, Freunde, Sekretäre oder Assistenten weiter; gute und repräsentative Geschenke bekommt der Vorsitzende, wichtige Kunden oder Geschäftsfreunde. Also wundern Sie sich bitte nicht, wenn Ihre Geschenke eines Tages auf Umwegen zu Ihnen zurückkehren.

Übung:

Zum Ende Ihrer zehntägigen China-Reise haben Sie einen Termin bei einer großen Firma in Shanghai, der von einem chinesischen Geschäftsfreund vermittelt wurde. Die Firma interessiert sich laut Geschäftsfreund für Ihre Produkte. Noch bevor Sie das Hotel verlassen und sich auf den Weg zur Firma machen, stecken Sie die beiden letzten Geschenke, die Sie aus Deutschland mitbrachten, in den Aktenkoffer. Der Geschäftsfreund führt Sie zu dem schönen Hochhausbüro der Firma im Zentrum Shanghais und stellt Ihnen den Präsidenten und zwei Abteilungsleiter vor. Das Gespräch verläuft freundschaftlich und informativ. Zum Schluss möchten Sie dem Gastgeber als Freundlichkeit ein Geschenk überreichen, erinnern sich aber daran, dass Sie nur noch zwei übrig haben.

Was würden Sie jetzt machen? Lassen Sie die Geschenke im Aktenkoffer? Nehmen Sie sie heraus und lassen Sie sie von den Anwesenden unter sich verteilen? Überreichen Sie nur dem Präsidenten ein Geschenk, und die Anderen bekommen nichts? Haben Sie eine andere Idee? Wie würden Sie in diesem Fall improvisieren?

Handlungsvorschlag:

Bei der Geschenktradition in der Geschäftswelt muss unbedingt auf die gesamte Konstellation geachtet werden, wie z.B. Hierarchie, Position, Freundschaftsgrad und ähnliches. Im geschilderten Fall ist die Gesprächsstimmung bereits gut und sollte daher nicht durch andere Faktoren beeinträchtigt werden. Sicherlich machen Geschenke einen guten Eindruck, aber zu wenig Geschenke für zu viele Leute ist eine schlechte Ausgangsposition, weil es von ungenügender Vorbereitung Ihrerseits zeugt.

Im obigen Fall dürfen Sie nur den Präsidenten beschenken. Lassen Sie das letzte Geschenk in der Aktentasche stecken, so ist es hierarchisch korrekt. Es ist völlig in Ordnung, wenn der Chef beschenkt wird, und die Anderen nichts bekommen. Das letzte Geschenk können Sie zum Dank dem Geschäftsfreund geben, der das Treffen eingefädelt hat.

6. Essen und Trinken in der Geschäftswelt

- Die exotische Küche aus Fernost
- Chinesische Esskultur
- Unterschiede zur deutschen Küche
- Tischmanieren in China
- Was Sie unbedingt unterlassen sollten
- Etikette – was man außerdem bei Tisch beachten sollte
- Sitzordnung
  - Die Bedeutung und Wichtigkeit der Sitzordnung am Esstisch
  - Sitzverteilung
  - Sitzordnung beim Empfang der chinesischen Delegation in Deutschland
- Das Ablehnen von Speisen
- Ehrlichkeit ist das beste Rezept
- Keine Neugier vor dem Aquarium
- Was das Trinken betrifft...
  - Trinkkultur im Geschäftswesen
  - Kampftrinken
  - Andersartige Trinkgewohnheiten: was Sie darüber wissen sollten
  - Toastsprüche
- Weiteres Beachtenswertes...
  - Kontakte knüpfen beim Essen
  - Tägliche Geschäftsessen beim Besuch in China
  - Die richtige Methode, sich für eine Einladung zu bedanken
  - Die Begleichung der Rechnung
  - Die Zahlmeister am Tisch
  - Trinkgeld
- Übungen

Die exotische Küche aus Fernost

Bei China-Reisenden sorgt das Thema „Essen und Trinken“ immer wieder für interessante Gespräche. Die Vielfalt und die riesige Auswahl der Speisen, die zahlreichen Möglichkeiten, rund um die Uhr zu essen, die unzähligen Gerichte bei Geschäftsessen und zu anderen Anlässen könnte man mit einem Fest auf dem Tisch vergleichen; ein Fest, das versucht, die Nase der Menschen mit feinen Düften zu verführen, die Augen durch Farbenspiel und Tellerarrangements anzuregen sowie den Gaumen durch exzentrische Geschmacksnoten zu befriedigen. Chinesisches Essen ist wirklich köstlich. Jedoch kann es gegebenenfalls zu einer harten Herausforderung werden. Vielleicht haben Sie sich schon einmal gefragt, WAS überhaupt gerade auf dem Tisch serviert wird? Viele China-Erfahrene wollen es gar nicht mehr wissen und lassen es sich lieber einfach nur schmecken. Es ist vielleicht besser so.

Chinesen lieben es zu essen. Der größte Ehrgeiz der Chinesen besteht wahrscheinlich darin, bestehende Gerichte zu verfeinern und weitere, neue Delikatessen zu erfinden oder zu entdecken. Selbstverständlich sind sich die Chinesen ihrer eigenen Leidenschaft bewusst. In Südchina nehmen sie sich sogar selbst auf den Arm, indem sie sagen: wir essen alles, was auf dem Land vier Beine hat, nur keinen Tisch; alles, was am Himmel fliegt, nur kein Flugzeug; und alles, was im Meer schwimmt, nur kein U-Boot. Exotische Speisen sind beispielsweise Schlange, Fischaugen, Fischkopf, Geflügelkrallen, Entenzungen, Hundefleisch usw. Die wirklich exotischen Gerichte aber sind Dinge wie Schwalbenspeichel, Bärenpfoten, Affenhirn und ähnliches. Solche Gerichte schrecken Europäer, sobald sie erklärt werden, gründlich ab und verderben ihnen innerhalb einer Sekunde den Appetit. Das kulinarische Fest wird auf der Stelle zur Qual. Oft genug werfen westliche Tierschützer den Chinesen Tierquälerei und Artenvernichtung vor. Da sich chinesische Essensgebräuche überall herumgesprochen haben, haben einige Europäer vor ihrem ersten China-Besuch ein Schreckensszenario vor Augen und meinen, dass Schlange zum obligatorischen Essensangebot gehört.

Hier eine frohe Nachricht für alle Europäer: die oben genannten Gerichte sind nicht in jedem Restaurant erhältlich und stehen nicht selbstverständlich auf jeder Speisekarte. Solche Speisen sind in China Delikatessen. Sie werden nur zu speziellen Anlässen bestellt, und man muss dafür tief in die Tasche greifen. Außerdem sind viele dieser Gerichte nicht jedermanns Sache. Speisen, die Sie nicht essen möchten, nehmen viele Chinesen auch nicht in den Mund.

Neben extrem exotischen Angeboten gibt es in China eine große Bandbreite von Köstlichkeiten, unter denen Sie bestimmt etwas für Sie passendes finden werden. Die normalen Alltagspeisen sind eigentlich nicht ausgefallener als Gemüse, Meeresfrüchte sowie Fleisch vom Huhn, Rind, Lamm oder Schwein. Sind Sie Vegetarier? Wunderbar, dann sind Sie in China bestens aufgehoben. Sie mögen keinen Fisch, oder zumindest nicht den ganzen Fisch? Sie essen kein Fett, oder Sie möchten einfach nicht alles aufessen, was auf den Tisch kommt? Kein Problem. Kein Chinese wird deswegen beleidigt sein. Warum meinen Sie, werden so viele Speisen bestellt? Damit man sich eben selbst aussuchen kann, was man gerne isst. Wenn es ums Essen geht, sind Chinesen offen und ehrlich. Sicherlich vertragen Chinesen wesentlich mehr als Europäer, dennoch hat jeder Mensch Leibgerichte genauso wie Speisen, die er nicht mag.

Chinesische Esskultur

Nicht umsonst genießt die chinesische Kochkunst neben der französischen und italienischen Küche einen erstklassigen Ruf in der Welt. Seien Sie mutig und lassen Sie sich ein wenig auf das chinesische Essen ein. Es gibt da wirklich viele Köstlichkeiten für Sie zu entdecken. Die Art der Zubereitung und die Essensphilosophie ist im Vergleich zur deutschen Küche völlig verschieden. Deutschland ist vor allem für die Braukunst bekannt, Chinas Stärke liegt im kulinarischen Bereich. Lernen Sie den chinesischen Perfektionismus beim Erreichen vollendeten Gaumengenusses kennen.

Um die Vorliebe der Chinesen für das Essen sowie die Besonderheiten der chinesischen Kochkunst zu verdeutlichen, werden wir sie unter verschiedenen Aspekten betrachten:

ESSEN IST HEILIG

So wie der Urlaub für die Deutschen ein unverzichtbarer Teil des Lebens ist, so ist die größte Schwäche der Chinesen das Essen. Essen ist in China sozusagen ein Volkshobby. Auf ein Essen zu verzichten ist schlimmer als Schlafentzug. Achten Sie bei Ihrer Reise im Reich der Mitte darauf, was Chinesen immer so mit sich führen, wenn sie sich fortbewegen. Jawohl, Reiseproviant. Es scheint so, als ob Chinesen in ständiger Angst vor dem Hunger leben. Immer haben sie kleine Plastiktüten mit Essen dabei, oder sie müssen, auch bei kleinen Strecken, unbedingt kurz das Auto anhalten, um etwas Essen und Getränke kaufen zu können. Tatsächlich findet man den Bezug von Essen und Wohlbefinden z.B. in der Sprache der Hakka, in der Provinz Fujian, in Südostchina. In dieser Region begrüßte man sich früher mit dem Satz: „Haben Sie bereits gegessen?“. Ursprünglich stammt diese Begrüßungsfloskel aus alter Zeit, als in China noch große Armut herrschte. Viele kleine Bauern lebten von der Hand in den Mund, und es war für einfache Leute von großer Bedeutung, täglich etwas zu essen zu haben. Allmählich entwickelte sich daraus die obige Begrüßungsform, mit der man nachfragt, ob es dem Anderen gut geht.

Beim Essen verwöhnen sich Chinesen gerne selbst. Daher gibt es täglich vier offizielle Mahlzeiten, die bevorzugt warm sein sollen: Frühstück, Mittagessen, Abendessen und der Mitternachts-Imbiss.

Das Frühstück ist warm und deftig. Traditionelle Frühstücksgerichte sind in Nordchina vor allem salzige oder süße Sojasuppe, Chapatta, Gebäck, youtiao (ein chinesisches Fettgebäck, eine Art länglicher Krapfen ähnlich wie spanische Churros) und baozi (Dampfnudeln mit Fleisch-, Gemüse- oder süßer Bohnenfüllung); in Mittelchina wird Reissuppe serviert mit tapasartigen Vorspeisen wie eingelegtem Tofu und Gemüse, sowie diverse Nudelsuppen; in Guangdong und Hongkong isst man gerne Dimsums (Dumplings) und Risotto.

Mittag- und Abendessen sind genauso warm und deftig. Neben diversen Fleisch-, Fisch- und Gemüsegerichten werden fan (Reis), mian (Nudeln), Dampfnudeln und jiaozi (chinesische Maultaschen) verspeist. Zum Essen wird meist Tee serviert, der entweder kostenlos oder gegen einen kleinen Aufpreis zu haben ist.

Mitternachts-Imbisse sind auch meist warm und deftig. Wie der Name bereits verrät, bestehen sie hauptsächlich aus Kleinigkeiten.

Der Zeitabstand zwischen den Mahlzeiten beträgt etwa fünf bis sechs Stunden; Frühstück gibt es um 7 Uhr, Mittagessen um 12 Uhr, das Abendessen um 18 Uhr und Mitternachtsessen ab 21 Uhr. Man findet in China immer etwas Essbares rund um die Uhr, verhungern wird man nie. Abends sollten Sie sich aber unbedingt vor 20 Uhr ins Restaurant begeben, sonst verpassen Sie die Zeit fürs Abendessen und können gleich in die Runde der Mitternachts-Snacks einsteigen.

In Shanghai gehen die Uhren etwas anders. Auch nach 24 Uhr sind die Gäste im Restaurant immer herzlich willkommen. In dieser Metropole ebenfalls einmalig ist die Art des Tischdeckens. Die Bewohner Shanghais sind Romantiker und legen Wert auf Atmosphäre. Nicht nur in den feinen Restaurants sondern auch in ganz einfachen, kleinen Esslokalen werden die Tische schön und sorgfältig gedeckt.

MAN IST, WAS MAN ISST – GESUNDHEITSPHILOSOPHIE BEIM KOCHEN UND ESSEN

Chinesen glauben, dass die beste Krankheits-Vorsorge in einer gesunden und richtigen Ernährung besteht. Daher haben sie eine vorbeugende Philosophie über Gesundheit und Ernährung entwickelt, deren Prinzip dem indischen Ayurveda ähnelt. Jedes Nahrungsmittel genauso wie die Menschen, besitzt eine spezifische Eigenschaft; es ist entweder heiß (Feuer) oder kalt (Kälte). Aufgrund der unterschiedlichen Körperkonstitution der Einzelnen ist die Wirkung von Nahrungsmitteln auf jede Person unterschiedlich.

Beim Essen wird auf eine Vier-Einigkeit geachtet: Optischer Genuss (für die Augen, 色), Duft (für die Nase, 香), Geschmack (für den Magen, 味), sowie ganzheitliche Harmonie der einzelnen Speisen untereinander (für den Körper, 养生). Die ganzheitliche Harmonie aller Speisen drückt die Verträglichkeit der Zutaten miteinander aus, die spezifische Eigenschaft jeder Speise steht bei der Harmoniefindung im Vordergrund. Gericht A hat beispielsweise eine kalte Eigenschaft. Dazu wird Gericht B mit heißer Eigenschaft oder bestimmten Gewürzen verwendet, um Negatives von A auszugleichen. Vielleicht besitzt nun Speise B wiederum etwas der Gesundheit Abträgliches, was Speise A nicht kompensieren kann. Aus diesem Grund wird Gericht C zum Ausgleich von B gereicht. So ergänzen sich die verschiedenen Speisen gegenseitig und schließen sich zuletzt medizinisch zu einem Kreis. Die Organe der Menschen werden dadurch täglich gepflegt, und der Zustand des Wohlbefindens wird erreicht. Auf diese Art bewahrt man die Harmonie im Körper.

Das chinesische Yin-Yang-Denken erkennt man ebenso im Essen wieder, vor allem die Wirkungsspirale der gegensätzlichen Eigenschaften von Yin und Yang. Hier als Beispiel die Kombination der Speisen: feucht mit trocken, kalt mit heiß, sowie dunkel mit hell. Krebs (kalt) wird immer mit Ingwer (heiß) zusammen serviert. Lychee ist heiß und man sollte nicht zu viel auf einmal davon essen. Auf eine Speise mit wenig Sauce (trocken) wird eine weitere Speise mit mehr Sauce (feucht) bestellt. Zum Ausgleich eines deftigen Schmortopfs, gekocht mit Soya-Sauce (dunkel) passt gut eine leichte Speise wie Gemüse (hell). Ein salziges Gericht wird durch etwas Leichtes wie Reis oder Suppe kompensiert. Gegen Erkältung (kalt) ist Ingwertee (heiß) die beste Medizin.

Solche Kenntnisse erwirbt man im Alltag, insbesondere zu Hause. Wer sich mit Essen gut auskennt und die Speisen harmonisch zusammen stellen kann, genießt hohes Ansehen.

Weiterhin gibt es Speisen, die mit chinesischer Medizin zubereitet werden, die in dieser Form noch wirkungsvoller ist – es gibt sogar Kochbücher darüber. Hier ein paar Beispiele von Anweisungen zur Gesundheitspflege: nimmt man chinesische Medizin, darf man keinen Alkohol trinken. Hat man sich zu lange der brütenden Sonne ausgesetzt, sollte man nicht gleich eiskalte Getränke zu sich nehmen, sondern lauwarmen Tee oder Wasser, was einen Ausgleich von Körper- und Außentemperatur schafft. Zusätzlich unterstützt lauwarmes Wasser den Kreislauf und Stuhlgang. Wasser mit Kohlensäure finden Chinesen eher ungesund; es gehört aber heutzutage zu den Modegetränken.

WERDEN MEHR REIS ODER MEHR NUDELN IN CHINA VERZEHRT?

Reis und Nudeln sind zum Zweck der Sättigung die wichtigsten Grundnahrungsmittel, ähnlich wie Kartoffeln in Deutschland. Die Vorliebe für Reis oder Nudeln ist jedoch von Region zu Region unterschiedlich. Grundsätzlich stellt der Fluss Yangzi eine Trennlinie dar. Je weiter nördlich des Yangzis, umso rauer und trockener wird das Wetter. In diesem Teil Chinas wird viel Weizen angebaut, und daher werden mehr Nudeln und andere Teigwaren konsumiert. Südlich des Yangzis wird es wärmer, und die Landschaft subtropisch. Hier ist Reis die Grundnahrung.

Ernährung in diesem riesigen Land ist seit zwanzig Jahren kein Problem mehr. Selbst in den ärmsten Gegenden Chinas sind genügend Grundnahrungsmittel vorhanden. Mittlerweile geht es den Chinesen generell besser als früher, entlang des goldenen Küstenstreifens (Dalian – Peking – Shanghai – Shenzhen) sogar sehr gut. Leute, denen es gut geht, zeigen gerne, was sie haben und sich leisten können. Bei Esseneinladungen wird Reis nur dann serviert, wenn man nach unzähligen Gerichten immer noch Hunger hat, was normalerweise unmöglich ist. Für manche Chinesen jedoch, unwichtig ob reich oder arm, ist Reis einfach eine unverzichtbare Beilage. Sie erreichen kein Sättigungsgefühl, solange sie keinen Reis im Magen haben.

Geschäftsessen gehören in China zu den repräsentativen Aktivitäten. Daher findet man auch keinen Reis auf dem Tisch. Wenn Sie gerne Reis essen möchten, müssen Sie mehrfach und ausdrücklich danach verlangen.

PRIVATRÄUME IM RESTAURANT

Im Restaurant werden häufig verschiedene Räumlichkeiten für verschiedene Bedürfnisse der Gäste eingerichtet. Es gibt Privaträume, offene Säle und Biergärten. Die sogenannten Privaträume sind abgetrennte Esszimmer im Restaurant, die 10 qm bis 50 qm groß sein können. In der Luxusvariante befinden sich häufig sogar ein Wohn- und Essbereich, eine eigene kleine Küche und ein Bad. Privaträume sind bei Gruppen sehr beliebt. Chinesen essen gerne unter sich. Insbesondere bei Geschäftsessen möchten sie am liebsten privat und ungestört bleiben, damit sie gegebenenfalls über Geschäfte reden können.

KOLLEKTIVES ESSVERHALTEN

Beim Essen wird die Gemeinschaft betont. Speisen für sich alleine zu bestellen, kennen Chinesen nicht. Im Gegenteil, sie empfinden dieses Verhalten sogar als unsozial. Man sitzt ja zusammen an einem Tisch und teilt selbstverständlich das Essen miteinander. Individualität am Esstisch ist in China fehl am Platz. Wie vorher bereits erwähnt, muss man nicht alles essen, was auf den Tisch kommt, aber man beansprucht keinesfalls bestimmte Gerichte auf dem Tisch für sich alleine.

Außerdem gibt es einen guten und praktischen Grund dafür, warum Chinesen gerne das Essen miteinander teilen. Eine Person allein kann ein oder zwei Gerichte bestellen; mehr kann man nicht essen. Zu Zweit kann man doppelt so viel bestellen, zu Dritt schafft man die dreifache Anzahl usw. Je mehr Leute gemeinsam zum Essen gehen, umso mehr Speisen können sie bestellen und umso mehr Spaß macht das Essen.

ESSSTÄBCHEN, SOYA-SAUCE UND KONFUZIANER

Es ist wohl weltweit bekannt, dass das Essenswerkzeug der Chinesen die Stäbchen sind. Leider ist diese erste Prüfung beim Einstieg in die chinesische Kultur oft nicht ganz einfach. Für viele Anfänger in dieser Esskunst sind Stäbchen ein Teufelszeug. Wie kann man etwas mit nur einer Hand und zwei Holzstöckchen hochheben und bis zum Mund transportieren?

Die gute Botschaft dabei ist, dass auch Chinesen die Stäbchentechnik nicht von Geburt an beherrschen. Um die Stäbchen richtig handhaben zu können, müssen die chinesischen Kinder von klein auf üben. Zwar dürfen sie anfänglich noch mit Löffeln essen, aber spätestens im dritten oder vierten Lebensjahr beginnt das Training. Der Grund, warum Chinesen das Essen mit Stäbchen perfekt beherrschen, ist nichts weiter als das Resultat fleißigen Übens.

Es ist interessant zu beobachten, dass Menschen, die im konfuzianischen Erziehungsideal erzogen worden sind, zufälligerweise auch Stäbchen benutzen und Soya-Saucen essen. Der Einfluss der konfuzianischen Lehre erstreckt sich über die Gesamtheit Ostasiens wie China, Taiwan, Hongkong, Macao, Japan und Korea, und in die chinesischen Gesellschaften wie Singapur, einen Teil Vietnams und in die „China Towns" weltweit. In allen oben genannten Ländern und Gegenden wird ausnahmslos mit Stäbchen gegessen, und alle Einwohner verwenden Soya-Sauce.

Auf dem südostasiatischen Festland, der malaiischen Halbinsel sowie südlich davon aß man ursprünglich mit den Fingern, heute mit Löffel und Gabel, und man verwendet statt Soya- die Fisch-Sauce. Wenn Sie in einem Restaurant in Thailand auf dem Tisch eine Flasche Soya-Sauce stehen sehen, können Sie davon ausgehen, dass die Betreiber chinesischer Herkunft sind, und das Essen einen chinesischen „Touch" hat.

Unterschiede zur deutschen Küche

Die chinesische Küche unterscheidet sich von der deutschen durch lange Vorbereitung und kurze Garzeit. Gemüse und Fleisch werden vorher klein oder in Streifen geschnitten. Das Wichtigste dabei ist, dass Gemüse knackig, und Fleisch zart und saftig sein muss. Oft wird das Fleisch zusammen mit viel Gemüse gegart, und es gibt dazu nicht viel Sauce.

Grundsätzlich konsumieren Chinesen nur sehr wenig Sauce. Das Gericht Chop Suey ist ein Bestandteil der Schnellküche und billiges Essen, das man hauptsächlich in den Garküchen der Straßen findet. Das Wort Chop Suey stammt aus dem Kantonesischen und bedeutet Restküche. Chop Suey soll angeblich in Amerika entstanden sein. Guangdong und Fujiang waren in früherer Zeit die armen Gegenden Chinas. Im 18. Jahrhundert verließen viele Südchinesen ihre Heimat, und wanderten als Gastarbeiter nach Amerika aus, wo sie beim Bau des Eisenbahn-Netzes mithalfen. Damals hatten die Arbeiter keine Zeit zu kochen und nahmen das, was in der Küche gerade vorhanden war, um auf schnellstmögliche Art ein Essen zuzubereiten. Dieses wurde auf Reis serviert und fertig war die Mahlzeit – Chinas Version des amerikanischen Fast Food.

Chinas Sommer sind sehr heiß. Aus hygienischen Gründen werden daher die meisten Gerichte genauso wie das Trinkwasser gekocht; Salat gibt es kaum. Grundsätzlich sollten Sie auf Chinas Festland keinen Salat bestellen. Es kommt immer wieder vor, dass Fäkalien von Schweinen zur Düngung verwendet werden.

Ein Restaurant dient in China nur dem Zweck des Essens. Danach hält man sich nicht mehr lange dort auf; zum Trinken geht man in andere Lokale.

Sollte man alles essen, was auf dem Teller liegt? In China lehrt die gute Erziehung, dass jedes Reiskorn mit Schweiß angebaut wurde, und nichts in der Schüssel weggeworfen werden darf. Bei Geschäftsessen findet genau das Gegenteil statt; man lässt etwas auf dem Teller übrig. Wenn man in Deutschland den Teller nicht leer isst, bedeutet das, dass einem das Essen nicht geschmeckt hat. In China heißt das, dass Sie noch Hunger haben.

Andere Denkweise

Ein Fisch wird in drei Teile zerlegt: Filet, Bauch und Kopf. Welcher Teil ist in China der Teuerste?

Erklärung:

In China ist der Kopf der beste, teuerste und begehrteste Teil des ganzen Fischs, gefolgt vom Bauch. Am billigsten ist das Filet.

Tischmanieren in China

Es ist eine Tatsache, dass gemeinsames Essen in China der wichtigste soziale Anlass ist, wobei das Essen selbst, und nicht feine Manieren im Vordergrund steht. Daher sind die folgenden Verhaltensarten völlig akzeptabel, und Sie dürfen sich ruhig ein wenig unmanierlich benehmen:

Schmatzen und schlürfen

Daran finden Asiaten wirklich nichts Schlimmes. Beim Verzehr von Suppen ist Schlürfen sogar ein Muss. Da die Brühe von Suppen bzw. Nudelsuppen richtig heiß sein muss, wird Suppe schnell serviert und auch schnell gegessen, daher geht es gar nicht anders, als beim Verzehr zu schlürfen. Mit anderen Worten: eine Suppe kann nicht gut schmecken, wenn man sie geräuschlos essen kann.

Ablegen von Speiseresten wie z.B. Knochen etc. auf dem Tisch, eventuell sogar auf dem Boden

Die eigene Reisschale ist nicht dafür vorgesehen, dass man Speisereste hineinlegt, sonst hätten die Chinesen die Schalen bestimmt breiter konzipiert. Wohin mit den Resten? Korrekt wäre es, sie auf den kleinen Teller, der vor einem steht zu legen. Wenn es keine solchen Teller gibt, dann legt man sie auf den Tisch. Speisereste im Restaurant auf den Boden zu werfen, zeugt von schlechten Manieren. Auf dem Land oder in den Garküchen der Straßen wird wenig darauf geachtet.

Sich bücken oder den Kopf in die Schüssel strecken

Das gehört in China nicht zur guten Erziehung.

Esstechnik eines großen Stücks Fleisch mit Knochen

Häufig wird das Fleisch, insbesondere Hähnchen, samt Knochen in größere Stücke gehackt. Es ist schwierig, so ein Teil als Ganzes zu kauen. In diesem Fall beißt man einfach stückchenweise das Fleisch ab und legt Reste zurück in die Schale.

Laut sprechen, besonders beim Trinken

Chinesen lieben eine laut-feierliche Atmosphäre beim Essen; je lebhafter, desto besser.

Rülpsen

Hier ist deutlich zu erkennen, dass Chinesen fast im Sinne Luthers empfinden: „Warum rülpset und furzet ihr nicht, hat es Euch nicht geschmecket?“

Mit vollem Mund reden

Das gehört auch in China nicht zur guten Erziehung.

Rauchen am Esstisch

Die Antiraucher-Kampagne hat auch Asien erreicht. In China ist Rauchen in öffentlichen Räumlichkeiten gesetzlich verboten.

Auf den Boden spucken

Zum Glück gibt es hier eine Grenze. Spucken zeugt von äußerst schlechten Tischmanieren und geht sogar für viele Chinesen definitiv zu weit. In feinen Restaurants macht man es auf keinen Fall.

Die Zähne am Tisch mit Zahnstocher, Fingernagel oder der Zunge säubern

Es sieht zwar nicht schön aus, aber Zähne werden von Essensresten befreit.

Essen mit Tee hinunterspülen oder gurgeln

Der guten Erziehung Chinas zufolge ist das nicht gestattet.

Was Sie unbedingt unterlassen sollten

Chinesen sind tolerant, wenn es ums Essen geht. Es gibt jedoch einige Dinge, die Sie besser unterlassen sollten, sonst fallen Sie unangenehm auf.

Die Nase schnäuzen

Hier sind Chinesen extrem empfindlich. Trotzdem werden sie so tun, als hätten sie es nicht bemerkt, um Ihr Gesicht zu wahren. Drehen Sie sich beim Naseputzen zumindest um und tun Sie es geräuschlos. Wenn Sie sich schnäuzen müssen, entfernen Sie sich am besten vom Tisch oder verlassen kurz das Restaurant.

Stäbchen in den Reis stecken

Legen Sie die Stäbchen neben oder auf der Schüssel bzw. auf das hierfür vorgesehene Bänkchen ab. Stecken Sie sie nicht in den Reis. Das ist zwar ein sicherer Ort, wo sie fest verankert wären und nicht herumrollen, aber es verstößt gegen einheimische Sitten. Stäbchen in den Reis zu stecken hat dieselbe Bedeutung wie brennende Räucherstäbchen in einem Tempel oder auf einem Hausaltar. Die Geste wird als Opfergabe für einen verstorbenen Ahnen interpretiert und zwar bezogen auf die gegenüber sitzende Person *(siehe Bilder S. 138)*.

Stäbchen in den Reis stecken? Bild oben: So ist es korrekt. Bild rechts: So sollten Sie es nicht machen.

Stäbchen als Musikinstrument benutzen

In Deutschland spielt man am Esstisch nicht mit Gabel und Messer. Tun Sie es auch in Asien nicht mit Stäbchen.

Mit Stäbchen auf Menschen zeigen

Wenn Sie gerade nicht mit den Stäbchen essen, legen Sie sie auf den Tisch oder auf die Schüssel. Es ist unhöflich, mit Stäbchen auf andere zu zeigen.

Etikette – was man außerdem bei Tisch beachten sollte

Auf dem Esstisch befindet sich oft eine Drehscheibe, auf der die Gerichte stehen. Durch Drehung der Scheibe erhält jeder Anwesende direkten Zugang zu allen Speisen. Beachten Sie beim Drehvorgang, ob eine andere Person am Tisch gerade dabei ist, von einer Speise zu nehmen. Wenn ja, drehen Sie die Scheibe so, dass die entsprechende Person das Essen bequem erreichen kann. Halten Sie dabei die Scheibe solange mit der Hand fest, bis derjenige fertig ist.

Die Drehscheibe wackelt oft. Wenn Sie das bemerken und sehen, dass ein Anderer versucht, von einer Speise zu nehmen, halten Sie sie, ohne zu fragen, kurz für ihn fest. Es gilt in China als extrem höflich, bei Tisch stets rücksichtsvoll und aufmerksam gegenüber Anderen zu sein.

Achten Sie auch darauf, vor sich Freiraum für den Drehvorgang zu schaffen, also mit Gläsern und Geschirr einen gewissen Abstand zu wahren, sonst fällt beim Drehen alles nacheinander um.

Der Ranghöchste, der Älteste bzw. der erste Ehrengast bedient sich zuerst von den Speisen, die Anderen müssen solange warten. Erst danach kann das Essen offiziell beginnen. Wird ein besonders teures Gericht serviert, wird der Ehrengast zum Zeichen der Wertschätzung gebeten, als Erster davon zu nehmen. Man dreht dabei die Scheibe und platziert das Gericht direkt vor den Gast.

Es gilt als unhöflich, sich das beste Stück einer Speise auszusuchen. Im Prinzip nimmt man von dem Teil des Gerichts, der genau vor einem steht, also nicht von einer anderen Tellerseite.

Es ist ganz wichtig, immer langsam zu essen. Seien Sie beim Essen bloß nicht zu hektisch! Es werden üblicherweise sehr viele Gerichte, zwölf, sechzehn oder auch mehr Gänge serviert. Das Zweck eines Geschäftsessens ist nicht die Nahrungsaufnahme an sich oder das Sattwerden. Es ist vielmehr ein sozialer Anlass, um Kontakte zu knüpfen und einander näher zu kommen. Ein Geschäftsessen besteht aus drei Teilen: Essen, Trinken und Gesprächen. Lassen Sie sich also Zeit; essen und trinken Sie immer langsam. Achten Sie aber darauf, gleich zu Anfang vor Beginn der Trinkrunden etwas Fetthaltiges zu sich zu nehmen. Dann haben Sie eine gute Unterlage für Ihren Magen, die verhindert, dass Sie später zu schnell betrunken werden.

Sitzordnung

DIE BEDEUTUNG UND WICHTIGKEIT DER SITZORDNUNG AM ESSTISCH

Die Sitzordnung am Esstisch ist in China von großer Bedeutung. Dabei ist die Hierarchie am deutlichsten zu beobachten, sowohl bei privaten als auch geschäftlichen Anlässen. Allein von der Sitzordnung her kann man erkennen, wer der Ranghöchste am Tisch oder/und der Ältere in der Gruppe ist, bzw. wer eine wichtige Funktion hat. Es gibt dafür eine strenge Sitzordnung, an die sich alle Chinesen halten müssen. Ausländischen Gästen gegenüber zeigt man dagegen große Toleranz. Der Gastgeber hilft in der Regel dabei und gibt Hinweise, wo sie Platz nehmen sollen.

Diese sozialen Ordnungsregeln wurden nirgends schriftlich festgehalten, und man lernt sie auch nicht aus Büchern. Sie gehören sozusagen zur „guten Kinderstube" und können nur im Laufe der Zeit erlernt werden. Im Alltag lernen die Kinder von den Eltern, und die Jüngeren von den Älteren den geschickten Umgang mit einer Sitzordnung.

Es gab einmal ein Familienessen in Taiwan, an dem zwei Familien mit drei Generationen teilnahmen. Zum Essen kamen ein Großvater und zwei Großmütter, viele Kinder sowie zahlreiche Enkelkinder. Alle trafen ungefähr gleichzeitig im Restaurant ein. Der Großvater und die beiden Großmütter nahmen zuerst Platz. Als sich die Kinder gerade setzen wollten, merkte eine Großmutter, dass der älteste Sohn noch nicht da war. Er hatte ein Parkplatzproblem und traf erst nach 45 Minuten ein. Die Großmutter stand auf und sah nach, wo der Sohn geblieben war. Während die Großmutter stand, blieben auch die jüngeren Generationen stehen. Immer wieder vergaßen die kleinsten Enkelkinder, die zwischen fünf und acht Jahre alt waren, die Etikette und setzten sich hin. Sofort wurden sie von den Eltern ermahnt, dass sie noch warten müssten.

Trifft man zu einer geschäftlichen Essenseinladung als Erster im Restaurant ein, und der Gastgeber ist noch nicht da, darf man sich nicht selbst einen Platz aussuchen, sich setzen und auf die Ankunft der Anderen warten – das ist unhöflich. Wenn es eine Lobby gibt, dann wartet man am besten dort oder nimmt vorübergehend irgendwo anders Platz. Sobald der Gastgeber und die meisten anderen Gäste eingetroffen sind, folgt die Platzverteilung.

SITZVERTEILUNG

Der Gastgeber bestimmt, wo die einzelnen Gäste sitzen. Generell gibt es zwei Kriterien zur Orientierung: die wichtigsten Personen sitzen erstens etwas nach hinten versetzt weiter zur Mitte des Raumes hin und der Eingangstür gegenüber, und zweitens in großem Abstand von den Bedienungen. Achten Sie dabei darauf, wo die Küchentür ist. Die zweite Regel ist im Prinzip wichtiger als die erste, damit sich die wichtigen Personen ungestört unterhalten können.

Wer darf nun an welchem Platz sitzen? Das ist eine der schwierigsten Aufgaben und abhängig von der gesamten Gäste-Konstellation, wie z.B. der Zahl der Geladenen, deren Funktionen, dem Verhältnis vom jeweiligen Gast zum Gastgeber, der Örtlichkeit und anderem. Der Gastgeber muss für sich selbst richtig einschätzen, wie wichtig ihm dieses Essen ist. Welchem Zweck dient das Essen? Wie viele Leute sollen eingeladen werden? Wen sollte oder muss er einladen? Sind die Gäste Mitarbeiter der gleichen Firma, oder stammen sie aus verschiedenen Firmen? Wenn die Gäste verschiedenen Firmen angehören, aber alle auf der gleichen Rangebene stehen, muss sich der Gastgeber entscheiden, wer ihm am wichtigsten ist. Dementsprechend weist er dann die passenden Plätze zu.

a) Mehrere Gäste aus derselben Firma

In *Schaubild 10* ist der wichtigste Sitz A. Dort sitzt der ranghöchste Gast. Daneben sitzt der Gastgeber. Der zweit-ranghöchste Gast nimmt den Stuhl auf der anderen Seite des Ranghöchsten. So platzieren sich die Mitglieder entsprechend ihrer Position um den Tisch herum in Richtung Eingangstür. Die Speisen müssen zwischen H und I serviert werden.

Eine andere Möglichkeit wäre, dass sich der Gastgeber dem ranghöchsten Gast gegenüber auf die andere Tischseite setzt.

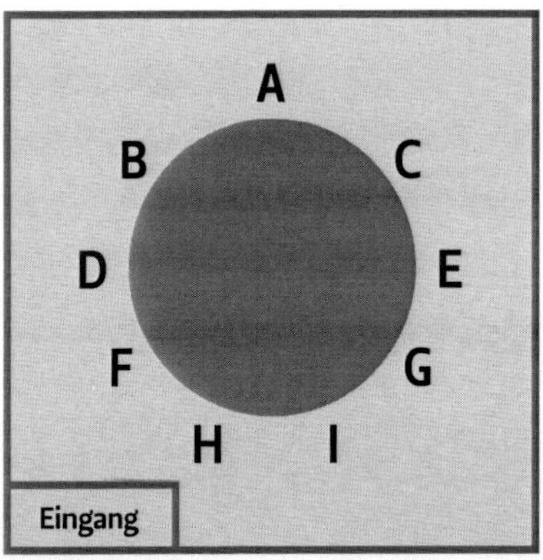

***Schaubild 10:** Sitzordnung für mehrere Gäste aus derselben Firma*

Die Frage, ob der linke Sitz bedeutender als der rechte ist oder umgekehrt, ist eher unwichtig. Die Bedeutungsfrage von linker versus rechter Seite ist auch in China umstritten. Nach altem Brauch gilt in China links vor rechts. Nach neuerem westlichem Brauch kommt aber rechts vor links. Man zerbricht sich also lieber nicht den Kopf darüber. Wichtig ist, auf die Ranghöhe zu achten wie in *Schaubild 11* dargestellt. Nach Platz F und G können die restlichen Mitglieder der Gesellschaft Platz nehmen, wo sie möchten.

In der Hierarchie spielt das Geschlecht keine Rolle. Eine Frau auf niederer Rangebene darf nicht einem Mann höheren Rangs vorgezogen werden. Wenn die Ehefrauen bzw. Ehemänner der Partner anwesend sind, sitzen sie neben ihren EhegattInnen.

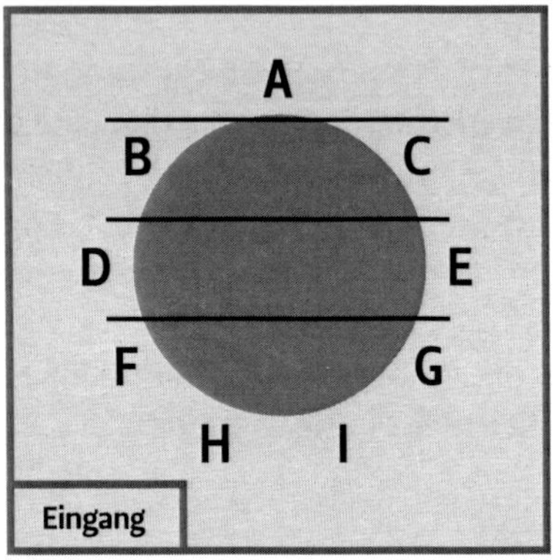

***Schaubild 11:** Berücksichtigung der Ranghöhe bei der Sitzordnung*

b) Delegationen aus zwei verschiedenen Firmen

Eine Firma lädt als Beispiel Delegierte einer anderen Firma ein; es nehmen also mehrere Mitarbeiter beider Unternehmen am Essen teil. Die Sitzordnung wäre wie folgt: in *Schaubild 12* sind A und B die Plätze für die beiden Firmenchefs. Für die Restmannschaft gibt es zwei Möglichkeiten der Sitzordnung: die erste besteht darin, getrennt zu sitzen. Der Tisch wird dabei, wie in *Schaubild 12*, sozusagen halbiert. Eine Hälfte ist für die Delegation aus Firma A, die andere für Firma B. Die Bedienungen müssen informiert werden, Essen und Getränke zwischen K und L zu servieren. Der Vorteil dieser Lösung sind die für alle klar erkennbaren Hierarchien beider Firmen.

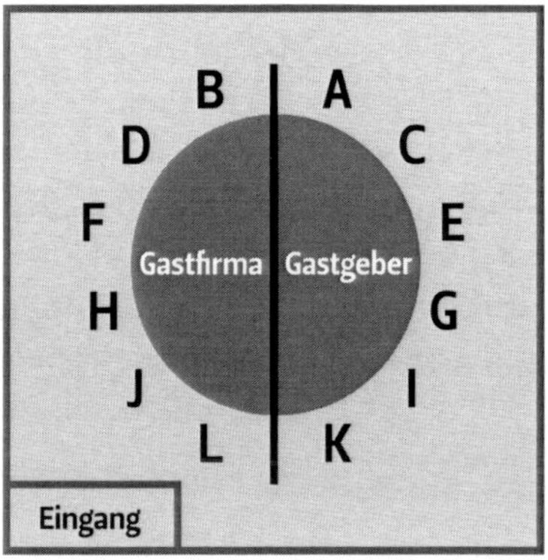

Schaubild 12: *Sitzordnung für Delegationen aus zwei verschiedenen Firmen*

Die zweite Möglichkeit wäre das „Über-Kreuz-Sitzen" siehe *Schaubild 13*. Der Chef (F1-1) von Firma 1 sitzt auf A und der Chef (F2-1) von Firma 2 auf B. C ist für den Zweit-Ranghöchsten von Firma 2 (F2-2) und D für den „zweiten Mann" der Firma 1 (F1-2) usw. Diese Form der Sitzordnung ermöglicht eine interaktive Kontaktpflege zwischen allen Teilnehmern. Dadurch können auch alle Personen der eingeladenen Firma von der Gastgeberfirma richtig betreut werden.

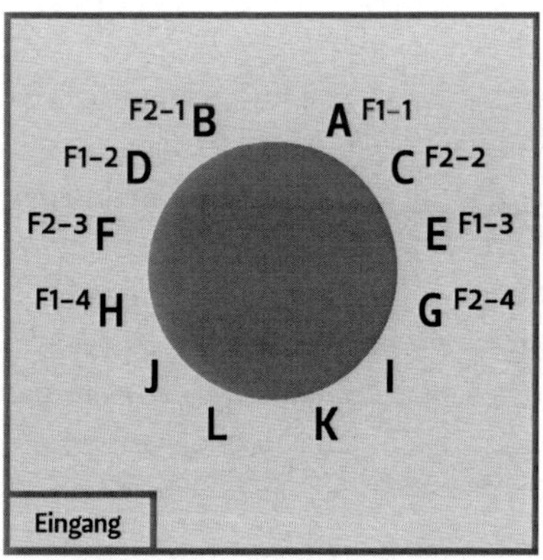

Schaubild 13: *„Über-Kreuz-Sitzen"*

In der Realität sieht die Bestuhlung nicht immer genau wie auf den Abbildungen aus. Man bekommt auch nicht jedes Mal einen Privatraum für sich alleine und muss in einem großen Saal speisen. Oft ist es unmöglich vorher zu wissen, wo sich die Küche befindet, aus der die Speisen gebracht werden, außer Sie kennen das Restaurant. Deswegen sollte man vorab das Lokal besuchen, um die korrekte Sitzordnung vorher festlegen zu können. Ein gutes Restaurant hilft den Gästen dabei. Normalerweise befindet sich aufwendig gestaltete Dekoration vor oder hinter dem Sitz der Hauptperson, damit optisch eine eindeutige Identifikation möglich ist.

Um Chaos zu vermeiden, informiert der Gastgeber am besten die Bedienungen, wo sie servieren sollen. Es könnte durchaus passieren, dass die Sitzordnung doch durcheinander gerät, aber in dem Fall würde der Ranghöchste der Gruppe sagen: „Am runden Tisch gibt es keine Hierarchie - alle sind gleich." Mit dieser Ansage wird die Sitzordnung offiziell aufgehoben, und alle dürfen sitzen bleiben, wo sie sind, was eigentlich auch der Realität entspricht. Es spielt keine Rolle, wo man sitzt, denn jeder weiß genau, wer der Chef ist. Der Hauptsitz ist dort, wo er Platz genommen hat.

Übung:
Sie besuchen einen wichtigen Kunden in Guangdong, Südchina. Da der Geschäftsführer der chinesischen Firma sehr wenig Englisch spricht, haben Sie einen Dolmetscher vor Ort zur Verständigung arrangiert.
Der Besuch läuft gut und beide Verhandlungsparteien sind zufrieden mit dem Ergebnis des Gesprächs. Um den Kontakt weiter zu pflegen, laden Sie den Geschäftsführer zum Essen ein, was er gerne annimmt.
Zum Essen kommen neben dem Geschäftsführer sein technischer Leiter und ein Berater. Sie selbst bringen Ihren chinesischen Vertriebsleiter, seinen Assistenten und den Dolmetscher mit.
Wie arrangieren Sie die Sitzordnung? Setzen Sie den Dolmetscher zwischen sich und den Geschäftsführer, damit er übersetzen kann? Oder sitzen Sie lieber selbst neben dem Geschäftsführer? Denken Sie nach, was Sie unternehmen würden, ohne die Erklärung vorher zu lesen.

Erklärung:
Essen ist ein wichtiges Mittel eine Beziehung zu intensivieren, wobei Sie und Ihr Geschäftspartner die Zentralfiguren sind. Deshalb sitzen der

chinesische Geschäftsführer und Sie unbedingt auf den besten Plätzen. Da Sie der Gastgeber sind, sitzt er rechts von Ihnen. Der Dolmetscher darf links von Ihnen sitzen. So ist die Hierarchie bei der Sitzordnung korrekt.
Bei einem wichtigen Geschäftsgespräch ist es notwendig, den Dolmetscher einzuschalten, um mögliche Missverständnisse zu vermeiden. Ein Dolmetscher fungiert bei einem solchen Anlass nur als Übersetzer. Small Talk allerdings sollten Sie selbst in die Hand nehmen. Bei der Beziehungspflege geht es nicht um perfekte Sprachbeherrschung, sondern um menschliche Wärme.

Nicht bei jedem Essen wird so streng auf die Sitzordnung geachtet. Gehen Sie mittags mit Ihren chinesischen Kollegen oder Partnern zum Essen, setzt man sich einfach da hin, wo gerade Platz ist. Die Firma ist vergleichbar mit einer Familie, geselliges Beisammensein aller Mitglieder ist persönlich und ungezwungen. Ein solches Essen fällt nicht unter den Begriff Geschäftsessen. Auch wenn die „oberen Köpfe" dabei sind, verhält man sich trotzdem locker.

Wenn Sie als Techniker für ein paar Tage nach China fliegen, um dort Maschinen aufzubauen oder zu reparieren, ist das Mittagessen in der Regel deutlich informeller als ein Abendessen. Wird eine Einladung zum Abendessen ausgesprochen, fragen Sie nach, wer zum Essen kommt. Wenn alle Teilnehmer Techniker sind, ist es ein reines Freundschaftsessen. Die chinesischen Kollegen möchten Sie bei der Gelegenheit gerne näher kennenlernen. Zum Sinn derartiger Einladungen lesen Sie bitte Kapitel 1 – „ Kennenlernen auf chinesisch". Eine Essenseinladung, die vom Geschäftsführer oder Abteilungsleiter ausgesprochen wird, ist ein offizieller Anlass. Achten Sie dabei auf die Sitzordnung; am besten lassen Sie sich auf Ihren Platz führen.

Übung:
Am Tisch wird Ihnen der beste Platz angeboten. Leider ist der kalte Luftzug der Klimaanlage genau auf Sie gerichtet. Setzen Sie sich lieber anderswo hin, oder lassen Sie den Temperaturregler der Anlage höher stellen? Was würden Sie machen? Denken Sie nach, ohne die Erklärung vorher zu lesen.

Erklärung:
Das Angebot des besten Platzes ist ein Zeichen der Wertschätzung. Chinesen wissen allerdings nicht, dass Deutsche allgemein empfindlich auf Luftzug reagieren. In China sind die Sommer so heiß, dass sich Leute gerne vor Klimaanlagen setzen, um sich abzukühlen. Daher wird der Luftstrom gezielt auf die Anwesenden gerichtet, insbesondere den Hauptsitz. Klären Sie Ihren Kollegen oder Partner ruhig über das Gesundheitsempfinden der Deutschen auf, woraus sich ein wunderschöner „Small Talk" ergeben kann. Gesundheitspflege ist auch bei Chinesen ein beliebtes Thema. Es gibt tatsächlich in China eine sogenannte Sommererkältung, die hauptsächlich durch Klimaanlagen verursacht wird. Ihre Kollegen werden das verstehen und versuchen, den Regler höher stellen zu lassen.
Falls das nicht geht, wechseln Sie auf einen Platz, wo Sie nicht so stark angeblasen werden. Nächstes Mal werden Ihre Partner Rücksicht nehmen und einen für Sie angenehmeren Raum oder ein anderes Restaurant wählen. Bei einem wichtigen Geschäftsessen, an dem auch die Ranghöchsten teilnehmen, bleiben Sie lieber schweigend sitzen.

Die gefährliche Sommererkältung
Nehmen Sie sich vor der gefährlichen Sommererkältung in Acht. Der Grund dafür sind die in allen Gebäuden Chinas installierten Klimaanlagen. Die Temperatur wird wegen der Hitze im Raum oft zu niedrig eingestellt. Die Außentemperatur dagegen ist sehr hoch. Wenn man häufig in klimatisierten Gebäuden ein- und ausgeht, spürt man die drastischen Temperaturschwankungen deutlich, und die Konstitution wird auf eine harte Probe gestellt. Da Europäer diese Klimaverhältnisse nicht gewöhnt sind, erkälten sie sich auf Chinareisen häufig.
Anfängliche Symptome sind ein Kratzen im Hals und Husten. Die Kälte dringt normalerweise durch den Hals und die Atemwege in den Körper ein. Ein kleiner Schal oder eine dünne Jacke in einem unterkühlten Raum schützen Sie vor einer möglichen Sommererkältung. Im Fall der Erkrankung trinken Sie viel heißes Wasser oder Tee. Seien Sie tapfer, und verzichten Sie ein paar Tage auf kaltes Bier - es verzögert nur die Genesung.
Es ist auch dringend zu empfehlen, immer eine kleine Reiseapotheke mit sich zu führen. Bringen Sie Ihre eigenen Arzneimittel wie Tabletten

gegen Erkältung, Grippe, Kopfschmerzen, Durchfall, usw. mit. Auf alle Fälle sollten Sie regelmäßig einzunehmende Medikamente in ausreichender Menge dabei haben, kalkulieren Sie sicherheitshalber ein paar Tage mehr ein. Ein Medikamentenbeutel ist klein und nimmt nicht viel Platz weg.
Wenn Sie dennoch einen Arzt aufsuchen müssen, sind die besten Auskunftsstellen die deutschen Botschaften. Rufen Sie den Botschafter in der Nähe Ihres Aufenthaltsortes an und erkundigen Sie sich nach einer Ärzteliste. Kontaktinformationen finden Sie im Internet unter www.auswaertiges-amt.de

SITZORDNUNG BEIM EMPFANG DER CHINESISCHEN DELEGATION IN DEUTSCHLAND

Laden Sie die chinesischen Besucher nach Deutschland ein, dann richtet sich die Sitzordnung nach deutschen Regeln. Die Faustregel zur Orientierung lautet: In China wird nach chinesischen und in Deutschland nach deutschen Regeln gespielt, wie *Schaubild 14* veranschaulicht. G sowie H und B sind die korrekten Plätze für die Ranghöchsten der Gruppe. Platz E ist ungeeignet. Er bietet zwar einen Blick durchs Fenster, aber der Gast hätte wohl lieber einen Überblick über den Raum mit allen Anwesenden. Außerdem wäre es bestimmt kein gutes Zeichen, wenn sich der Gast mehr für vorbeiflanierende Fußgänger als für das Essen mit Ihnen interessiert.

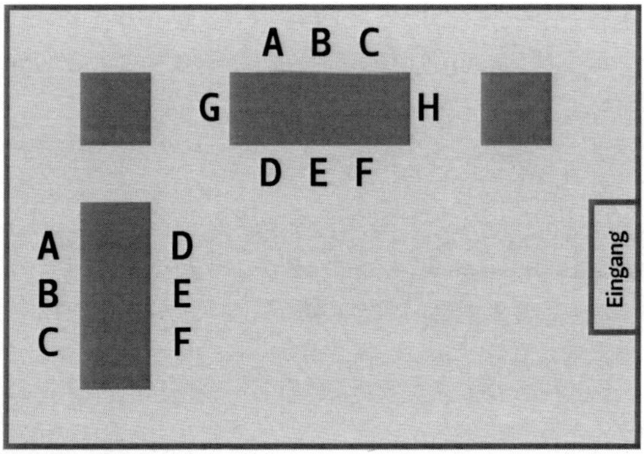

Schaubild 14: *Sitzordnung in Deutschland*

Das Ablehnen von Speisen

Beim Essen vertragen Chinesen sicherlich wesentlich mehr als Europäer, auch wenn nicht jeder Chinese alle „Delikatessen" essen kann. Genau wie Sie hat jeder Chinese persönliche Leibgerichte und lehnt bestimmte Speisen ab. „Was für den Einen eine Delikatesse, ist für den Anderen Gift" lautet ein alter Spruch. Grundsätzlich können Sie in China immer Speisen ablehnen, die Sie nicht essen möchten; achten Sie dabei lediglich auf die Formulierung. Chinesen sind stolz auf ihr Essen und versuchen, dem Gast das Beste anzubieten. Aus dieser Sicht betrachtet wäre ein direktes „Nein" unschön und könnte verletzend sein. Verpacken Sie daher Ihre Ablehnung bitte diplomatisch.

Generell darf man aus Gesundheitsgründen Speisen und Alkohol ablehnen. Unverträglichkeit oder Allergien sind gute Gründe, warum Sie etwas nicht essen oder trinken. Chinesen haben das Gedächtnis von Elefanten; sie werden es nie wieder für Sie bestellen. Als nette Geste des Gastes ist zu empfehlen, die servierten Speisen zumindest zu probieren. Wenn es Ihnen nicht schmeckt, lassen Sie den Rest einfach in der Schüssel liegen.

Nehmen wir den Fall, dass Sie ein bestimmtes Gericht auf keinen Fall essen können, aber Ihr freundlicher Gastgeber hat es bereits in Ihre Schüssel gelegt. Zeigen Sie auf keinen Fall ein langes oder versteinertes Gesicht, sondern lächeln Sie verbindlich weiter. Lassen Sie das unerwünschte Gericht liegen, und decken Sie es mit dem Untertellerchen zu. Nehmen Sie dafür etwas anderes, was Sie mögen. Schüsseln und Tellerchen werden während des Essens regelmäßig ausgetauscht und dann sind Sie es los.

Denken Sie daran, dass Sie nach China geflogen sind, um Geschäfte zu machen. Zu häufiges Ablehnen von Gerichten wirkt negativ. Es stehen immer genügend Speisen auf dem Tisch, Sie finden bestimmt etwas Passendes. Sparen Sie dann bitte nicht mit Lob, denn dadurch lernen Ihre chinesischen Partner, was Ihnen schmeckt, und was nicht. Es hilft ihnen dabei, beim nächsten Mal die passenden Gerichte für die Ehrengäste auszusuchen. Das Thema Ihrer chinesischen Leibgerichte ist zu jeder Zeit ein guter Stoff für Small Talk. Erzählen Sie ausführlich, wo und was Sie beim letzten Mal gegessen haben und wie sehr es Ihnen geschmeckt hat.

Manche deutschen Unternehmer berichteten, dass sie sich am Tisch unter ständiger Beobachtung fühlten, so als ob alle wissen wollten, ob

Europäer auch tatsächlich chinesisches Essen mögen. Mittlerweile sind die negativen Meinungen über angeblich barbarische Essgewohnheiten der Chinesen aus dem Westen und den USA nach China vorgedrungen, was die Chinesen als äußerst unfreundlich empfinden. Wenn Sie chinesische Küche lieben, loben Sie sie ausführlich. Wenn Sie sie nicht mögen, müssen die Chinesen nicht unbedingt in Einzelheiten darüber informiert werden.

Es kursieren Berichte, dass mancher Gast nervös wurde, weil ihn die Anderen anstarrten und lächelten, so als ob sie sehen wollten, ob er etwas für ihn Unidentifizierbares auch hinunterschlucken würde. Sollten Sie tatsächlich so ein Gefühl bekommen, lehnen Sie das Angebotene ab ohne mit der Wimper zu zucken, oder das Gesicht zu verziehen, und greifen Sie stattdessen sofort nach einer anderen Speise.

Ehrlichkeit ist das beste Rezept

Einige Ausländer versuchen, unerwünschtes Essen zu umgehen, in dem sie behaupten Vegetarier zu sein. Sie können das durchaus tun, wenn Sie möchten; es gibt in China eine Vielzahl vegetarischer Speisen, die köstlich schmecken. Aber Sie müssen dann auch bei Ihrer Behauptung bleiben. Lügen haben kurze Beine, und es macht einen sehr schlechten Eindruck, wenn Sie anfänglich kein Fleisch essen wollen, später aber doch.

Sie müssen nicht lügen, um sich aus einer Situation herauszuwinden. Loben Sie das Essen und sagen Sie ganz ehrlich, welche Speisen Sie nicht mögen. Chinesen haben Verständnis dafür, dass Ausländer nicht alles schätzen, was auf den Tisch kommt. Was man überhaupt nicht machen sollte, ist ein langes Gesicht zu ziehen oder angewidert drein zu schauen. Dies kommt nirgends auf der Welt gut an.

Keine Neugier vor dem Aquarium

Lassen Sie Ihre Neugier auf das Aquarium im Restaurant unbedingt zu Hause. Betrachten Sie insbesondere für Sie fremde und exotische Tiere darin nicht zu lange: „Das würde ich gern mal probieren" – so interpretieren das Chinesen. Ein erfahrener Geschäftsmann hatte Skorpione im Terrarium entdeckt, und endlich konnte er die Tierchen einmal aus nächster Nähe beobachten, was er auch tat. Sein Partner, ein sehr aufmerksamer Mensch, bestellte sie für ihn als Gericht.

Chinesen versuchen, dem Gast in der Regel immer das Beste anzubieten. Wenn solch eine Speise organisiert wird, spüren Sie vorher möglicherweise eine leichte Unruhe unter den Chinesen. Seien Sie jetzt nicht schüchtern, sondern fragen Sie nach. So können Sie das Essensangebot rechtzeitig mitbestimmen und die gute Absicht des Gastgebers frühzeitig in andere Bahnen lenken. Bedanken Sie sich immer für die zugedachte besondere Ehre, und erwähnen Sie am besten gleich Ihre Lieblingsgerichte. Für den Gastgeber ist das auch angenehmer – wer will schon viel Geld für etwas ausgeben, wenn es hinterher dem Ehrengast gar nicht schmeckt?

Was das Trinken betrifft...

TRINKKULTUR IM GESCHÄFTSWESEN

Trinken ist neben dem Essen und den Gesprächen der drittwichtigste und womöglich härteste Bestandteil einer Essenseinladung. Machen Sie sich darauf gefasst, dass viel getrunken wird, oft viel zu viel. Es ist zwar gut für die Geschäfte, aber die Leber leidet darunter. Alkohol schadet der Gesundheit, und das ist chinesischen Geschäftsleuten durchaus bewusst. Trotzdem müssen sie mitmachen, weil es das soziale Umfeld verlangt. Laut chinesischem Brauchtum ist es für den Gastgeber wichtig, dass sich alle Gäste satt essen und genug zu trinken bekommen. Um freundschaftliche Gefühle zu betonen, versucht der Gastgeber immer wieder, die Gäste weiter zum Trinken zu animieren.

Sie sind ein Trinkmeister? Gut für Ihre Firma! In China können Sie viele Geschäfte bei Trinkgelagen abschließen. Sie trinken keinen Alkohol und sagen das gerade heraus? Wahrscheinlich glaubt Ihnen kein Chinese. Es ist tatsächlich so, dass manche deutschen Geschäftsleute darunter zu leiden haben, dass Deutschland den Ruf des Bierbrauweltmeisters hat. Tja, ein guter Name hat eben auch Nachteile. Verfallen Sie deswegen nicht in Panik, viele Chinesen trinken auch keinen Alkohol. Seien Sie ehrlich und sagen Sie die Wahrheit. Dadurch verlieren Sie zwar höchstwahrscheinlich Ihr Gesicht, aber das können Sie bestimmt verkraften. Oder Sie trinken nur so viel, wie Ihnen bekommt und hören rechtzeitig auf. Unabhängig davon, wie Sie damit umgehen, lassen Sie Ihren Gastgeber merken, dass es Ihnen gut geht, und Sie den gemeinsamen Abend genießen.

Wahrscheinlich haben Sie bereits bemerkt, dass Chinesen das Bierglas immer voll schenken und Bier ohne Schaum trinken. Kaum haben Sie das Glas geleert, wird sofort wieder nachgeschenkt. Die Chinesen wollen Sie nicht unbedingt betrunken machen, es gehört vielmehr zum höflichen Umgang in China: ein Bierglas muss stets voll sein. Alkoholische Getränke immer bis zum Glasrand einzuschenken ist eine Form, Respekt zu zeigen.

Der einzige Ort Chinas, wo Bier ordnungsgemäß mit Schaum getrunken wird, ist wahrscheinlich die Stadt Tsingdao in der Provinz Shangdong. Ende des 18ten Jahrhunderts waren deutsche Soldaten in Tsingdao, das damals nur ein kleines Fischdorf war. Innerhalb von 16 Jahren bauten die Deutschen, darunter viele Bayern, es zu einer richtigen Stadt aus. Bis heute sind die Spuren der Deutschen noch überall in der Stadt zu entdecken: in der Architektur, im Straßenpflaster, in der Kirche, in der Residenz des deutschen Gouverneurs und, selbstverständlich nicht zu vergessen, beim Bier. Den Chinesen war Bier völlig unbekannt. Die bayerischen Soldaten haben die Brautechnik nach China gebracht – was für ein Segen! Die Chinesen stehen ewig in der Schuld der Deutschen – und ohne Bier könnten es die Bayern wohl nicht so lange im Ausland aushalten. Mittlerweile hat jede Provinz ihre eigenen Brauereien und Biere, das Bier Tsingdaos ist darunter das berühmteste. Bier ist wahrscheinlich der beste interkulturelle Austauschfaktor zwischen China und Deutschland.

KAMPFTRINKEN

Was ist Kampftrinken? Kampftrinken bedeutet, verschiedene Alkoholsorten durcheinander und in großer Menge zu konsumieren. China braut aus verschiedenen Getreidearten diverse hochprozentige, grappaähnliche Getränke. Manche davon werden warm getrunken. Bei jeder Getränkerunde wird das Glas gehoben und dazu sagt man „gangbai" (乾杯). „gangbai" bedeutet auf deutsch „auf Ex" – und das Glas muss in einem Zug geleert werden. Essen Sie auf jeden Fall ausreichend, bevor Sie zu trinken anfangen.

Achten Sie besonders darauf, dass Sie beim Anstoßen nicht spaßeshalber „gangbai" sagen. Wenn Sie „gangbai" oder die Kurzform „gang" aussprechen, trinken Sie unbedingt aus. Chinesen nehmen solche Trinkaufforderungen sehr erst. Sie sind beinahe eine Zwangseinladung zu trinken, besonders wenn sie von der Seite des ausländischen Freundes kommt. Es ist extrem unhöflich, „gangbai" zu äußern, aber selber nicht auszutrinken. Grundsätzlich gilt: ein „gangbai" wird mit einem „gangbai" erwidert. Wenn es für Sie zu viel der „gangbai" wird, dürfen Sie die Aufforderung nach ein paar Runden abschlagen.

Manche Leute, vor allem ältere Herren, stoßen gerne in sehr schneller Reihenfolge mit anderen an, trinken aber selbst dabei nur ganz wenig. Alle fünf Minuten laden sie erneut zum Anstoßen ein. In solch einer Situation müssen Sie das Glas nicht leeren. Nippen Sie dementsprechend auch nur am Getränk, oder heben Sie kurz das Glas und stellen Sie es wieder ab. Viele Chinesen nehmen Rücksicht auf andere und zwingen sie nicht, mitzutrinken.

Wenn Sie mit Frauen anstoßen, brauchen Sie auch kein „gangbai" Ritual zu vollziehen, weil da nur wenige mitmachen. Wenn Frauen am Tisch sitzen, ist die Stimmung oft entspannter, und die Situation auch besser kontrollierbar. Leider gibt es bei jeder geselligen Runde Leute, die andere mit allen Mitteln zum Trinken bewegen wollen. Sie müssen dann für sich selbst entscheiden, ob Sie mitmachen oder lieber aus der Runde aussteigen wollen. Wechseln Sie zum eigenen Trinkrhythmus über, sagen Sie beim Anstoßen „suiyi" (随意, Prost!). Hören Sie zu trinken auf, lassen Sie das volle Glas stehen, oder bedecken Sie es mit einer Hand, wenn nachgeschenkt wird. Lassen Sie sich auf das Kampftrinken ein, müssen Sie sich auch selbst darum kümmern, wie Sie wieder aussteigen. Auch wenn Ihnen Andere helfen möchten, dürfen sie dennoch nicht eingreifen.

ANDERSARTIGE TRINKGEWOHNHEITEN: WAS SIE DARÜBER WISSEN SOLLTEN

In China trinkt man alkoholische Getränke nicht als Beigabe zum Essen, sondern man fordert sich gegenseitig zum gemeinsamen Trinken auf. Machen Sie auch mit, fangen Sie bei dem Ritual unbedingt mit dem Ranghöchsten oder Ältesten an, und gehen Sie folgendermaßen vor: Suchen Sie sich zuerst einen Trinkkandidaten aus, zwinkern Sie ihm zu, lächeln Sie dabei, und heben Sie gleichzeitig das Glas in seine Richtung, damit sprechen Sie eine Trinkeinladung aus. Machen Sie dabei eventuell Small Talk. Die Rangniedrigsten am Tisch wie z.B. einen Fahrer müssen Sie nicht zum Trinken animieren. Geschickt ist es, ab und zu alle Leute zum gemeinsamen Umtrunk aufzufordern. Malen Sie mit dem Glas in der Hand vor dem Körper einen kleinen Kreis, und stellen Sie dabei mit allen Anwesenden kurz Blickkontakt her.

Aus Gründen der Höflichkeit und als Zeichen der Wertschätzung lädt jeder anwesende Chinese den ausländischen Gast individuell zum Anstoßen ein. Dies könnte für Sie gefährlich werden. Wenn beispielsweise zehn Chinesen am Tisch sitzen, und Sie stoßen mit jedem Einzelnen an, sind das schon mal gleich zehn Schnäpse, und Sie müssen ja mehrfach anstoßen. Fordern Sie daher jedes Mal alle zum Mittrinken auf. Lassen Sie sich etwas Diplomatisches einfallen wie etwa einen kollektiven Glückwunsch, oder trinken Sie auf eine erfolgreiche Zusammenarbeit und Ähnliches mehr. Wenn alle jedes Mal selber mittrinken müssen, verlangsamt sich der Anstoß-Rhythmus deutlich.

TOASTSPRÜCHE

„Wenn Freunde von weit her kommen, ist das nicht eine Freude?“
(有朋自远方来，不异乐呼！)

So lautet ein alter chinesischer Spruch zur Gastfreundschaft. Zum Trinken gehört selbstverständlich auch der Toastspruch, mit dem sich die Partner offiziell gegenseitig begrüßen, beglückwünschen oder die Entschlossenheit und Freude zur Zusammenarbeit erneut betonen. Nicht jeder darf einen Toast anbringen – nur die Ranghöheren, die Hauptkontaktpersonen und der Mittelsmann.

Das ranghöchste Mitglied einer Gruppe sollte immer zuerst begrüßt werden, danach das zweithöchste der Hierarchie. Also bitte keine „Ladies first“!

Weiteres Beachtenswertes...

KONTAKTE KNÜPFEN BEIM ESSEN

Es könnte passieren, dass bei einem Geschäftsessen Leute am Tisch sitzen, die Sie gar nicht kennen, und die nichts mit dem Geschäft zu tun haben. Die Ihnen Unbekannten sind aber Bekannte der chinesischen Partner und entweder Beamte, oder sie kommen aus anderen Firmen oder Branchen. Sie sind sozusagen Begleitpersonen beim Essen.

In der Tat ist es in China üblich, bei wichtigen Anlässen zusätzliche Begleitgäste(陪客) zum Essen einzuladen, zum Beispiel zur offiziellen Vorstellung zweier Firmen oder einem Treffen zweier wichtiger

Persönlichkeiten, wobei auf den Rang geachtet wird. Die Begleitgäste müssen dem Rang des Hauptgastes ebenbürtig sein, oder ihm rangtechnisch zumindest nahestehen. Dadurch zeigt man dem Hauptgast (主客) bzw. den Begleitgästen Wertschätzung, oder beweist dadurch angemessene Achtung des Anlasses. Zugleich dient ein solches Ereignis als wichtige Gelegenheit, Kontakte zu knüpfen und zu erweitern.

Wenn ein Chinese als Begleitperson zu einem Geschäftsessen eingeladen wird, würde er wissen wollen, welche Personen noch dazu geladen sind. Wer ist der Hauptgast? Was ist der Anlass des Essens? Durch diese Informationen erhält er einen ersten Überblick, um sich später angemessen zu verhalten.

Es gibt auch eine lockere Form solcher Einladungen. Man lädt spontan zum Essen im eigenen Freundeskreis ein. Jeder bringt wiederum eigene Freunde oder Geschäftsfreunde mit, und so lernen sich unbekannte Leute kennen und knüpfen Kontakte. Oft werden auch die Firmenmitglieder in so einer Runde zusammengebracht, und man vermittelt sich gegenseitig Geschäftsmöglichkeiten. Daher finden solche Essen normalerweise in ungezwungener Atmosphäre statt, und es wird nicht sonderlich auf die Sitzordnung geachtet.

Man hat nicht nur einen Freundeskreis, sondern mehrere. Je mehr Leute ein Einzelner aktivieren kann, oder je mehr Spontaneinladungen jemand erhält, über umso bessere und umfangreichere Kontakte verfügt er. Ausländer werden in China nicht grundsätzlich von solchen „Essensversammlungen" ausgeschlossen. Wenn Sie mitspielen können und wollen, könnten Sie ebenso viele Einladungen bekommen und Ihr Beziehungsnetz richtig schön ausbauen. Sie sollten allerdings vorher wissen, dass diese Art der Kontaktpflege anstrengend ist, da eine Einladung spontan um 20 Uhr oder noch später erfolgen kann. Wenn Sie freudig mitmachen, folgen noch mehr Einladungen, was heißt, dass Sie Ihre Freizeit dafür opfern müssten.

Übung:
Sie laden einen wichtigen Kunden, Herrn Dong, zum Essen ein, zu dem er einen Herrn mitbringt, den Sie nicht kennen. Herr Dong erklärt Ihnen, dass der fremde Herr ein wichtiger Kunde von ihm sei. Bei dieser Gelegenheit könnten Sie sich gegenseitig kennenlernen, meint er.
Wie arrangieren Sie die Sitzordnung?
Versuchen Sie zuerst, die Lage selbst einzuschätzen, ohne die Erklärung

vorher zu lesen. Denken Sie nach, was es bedeuten könnte, dass Ihr Kunde seinen eigenen Kunden mitbringt.

Erklärung:
Chinesische Geschäftsleute pflegen Ihr Netzwerk sehr sorgfältig. Kontakte sind für sie das wichtigste Kapital. Innerhalb eines Netzwerks werden Informationen ausgetauscht, man gibt Geschäftsmöglichkeiten bekannt und vermittelt Kontakte weiter. Wenn man etwas braucht oder Unterstützung benötigt, greift man zuerst auf den eigenen Freundeskreis zurück. Das Prinzip ist für alle Seiten gewinnbringend. Einer zusammen mit einem Anderen ergibt auf einmal zwanzig Leute oder mehr. Einer hilft dem Anderen und Gemeinsamkeit bedeutet Stärke.
Wenn ein Kontakt gut läuft, gewähren die Chinesen den befreundeten Geschäftspartnern gerne Einblick in ihre Netzwerke. Im oberen Beispiel stellt Ihnen der Kunde seinen eigenen Kunden vor, was ein Zeichen des Vertrauens ist. Hierarchisch steht der fremde Herr ganz oben in der Rangordnung und sollte daher in der Mitte sitzen. Als Nächster würde Ihr Kunde auf der linken Seite sitzen, Sie selbst auf der rechten Seite. Würden Sie aber den fremden Herrn zum Hauptsitz führen, wäre das zwar hierarchisch korrekt, jedoch nicht wirklich passend, da ja Herr Dong Ihr Kunde ist, nicht der andere Herr. Zudem lernen Sie Herrn Dongs Kunden gerade erst kennen und Herr Dong ist der Mann, der Sie beide zusammenbringt.
Laden Sie also zuerst Herrn Dong ein, auf dem Hauptsitz Platz zu nehmen. Selbstverständlich wird er das nicht annehmen und stattdessen mit Sicherheit seinem Kunden den Hauptsitz anbieten. Lassen Sie ihn unabhängig agieren, und fungieren Sie als Begleitperson. So wird bei beiden Herren das Gesicht gewahrt, und Sie vermitteln zugleich ein „Wir-Gefühl" an Ihren Kunden. Er erweitert dann das „Wir" von zwei auf drei Personen.

TÄGLICHE GESCHÄFTSESSEN BEIM BESUCH IN CHINA

Chinesen legen großen Wert auf Gastbetreuung. 24-stündige Betreuung ist im Geschäftsalltag normal. Nach chinesischem Brauchtum bedeutet je mehr Betreuung umso mehr Wertschätzung. Außerdem möchte der Gastgeber vermeiden, dass sich die Gäste im fremden Land einsam fühlen, nicht zuletzt auch um zu verhindern, dass sich die Kunden oder Partner mit der Konkurrenz treffen. Neben vielen Besichtungsprogrammen gibt es nach der Arbeit tägliche Essenseinladungen. Oft wird diese intensive Betreuung von Deutschen als zu viel des Guten empfunden. Es ist auch wirklich anstrengend, wenn man überhaupt keine Zeit für sich alleine hat. Die Deutschen sind keine Gruppenmenschen wie die Asiaten und sind es gewohnt, selbständig zu planen und zu agieren.

Die Besonderheit der täglichen Esseneinladung liegt darin, dass Sie jeden Tag verschiedene Abteilungsleiter oder Manager zum Essen begleiten. Die Abteilungsleiter sind die Vertreter der Firma, also die Tagesgastgeber. Wenn Sie sich wünschen, einen Abend alleine zu verbringen, fragen Sie nach, mit wem Sie heute zusammen essen werden. Sollte es zum Beispiel der Personalleiter sein, der geschäftlich nicht direkt mit Ihnen zu tun hat, dann ist das eine gute Gelegenheit, das Essen abzusagen. Bedanken Sie sich rechtzeitig für die Ehre der Einladung, und finden Sie eine gute Ausrede, warum Sie auf das Essen verzichten müssen. Beispiele hierzu wären: Sie müssen abends noch wichtige Unterlagen vorbereiten oder mit Ihrer Familie bzw. den Eltern telefonieren, oder auch eine wichtige Telefonkonferenz mit den Kollegen in Deutschland führen und Ähnliches, was Ihnen als Pflichtbewusstsein ausgelegt werden wird.

Hat Ihnen die Firma einen persönlichen Betreuer für die gesamte Besuchszeit und rund um die Uhr zur Seite gestellt? Als verständnisvoller Partner können Sie dem Betreuer nach drei oder vier Tagen eine Nacht frei geben. Eine Dauerbetreuung neben der eigenen Arbeit ist durchaus anstrengend, aber nur Sie selbst dürfen ihm frei geben. Wenn sein Vorgesetzter erfahren sollte, dass der Gast in der vergangenen Nacht alleine war, könnte Ihr Betreuer eventuell Ärger bekommen. Falls der Gast aber nachts im Hotelzimmer arbeiten muss, ist es in Ordnung, dass auch der Betreuer nach Hause geht. Sagen Sie ihm, dass er selbst auch eine Pause benötigt, und seine Familie ihn braucht. Betonen Sie, dass er sich gut um Sie gekümmert hat. Versichern Sie ihm ausdrücklich, dass Sie alleine zu Recht kommen, und er sich keine Sorgen zu machen braucht.

Diese Art der formellen Betreuung lässt allmählich nach, je besser sich die Geschäftspartner kennen. Das Prinzip dabei besteht darin, dass man sich unter Freunden nicht so formell verhalten muss. Schließlich handelt es ja um ein „wir“, und damit sind „wir unter uns“.

DIE RICHTIGE METHODE, SICH FÜR EINE EINLADUNG ZU BEDANKEN

In China herrscht eine andere Art, dem Gastgeber für eine Einladung zu danken. Der Gast sagt nicht „Danke für die Einladung", stattdessen bedankt er sich indirekt. Gelobt wird dabei das hervorragende Essen und die schöne Einrichtung des Restaurants, oder man spricht eine Gegeneinladung aus.

DIE BEGLEICHUNG DER RECHNUNG

Für einen Tisch gibt es auch nur eine Rechnung. Chinesen tun sich schwer zu verstehen, warum Ausländer nur eigene Rechnungen begleichen. Beim Bezahlen sagen Sie „mai dan" (买单) (Mai: kaufen; Dan: die Rechung), dann bringt Ihnen die Bedienung die Rechnung an den Tisch. Sie können jedoch auch an der Kasse zahlen.

Brauchen Sie einen absetzbaren Beleg für die Summe, dann sagen Sie „yao fapiao"(要发票) dazu (yao: wollen; fapiao: absetzbarer Beleg). Wenn Ihr Unternehmen eine Niederlassung in China hat, lassen Sie sich am besten vorher den chinesischen Firmennamen, die Anschrift und die Steuernummer der Firma auf einen kleinen Zettel ausdrucken und haben Sie den in der Geldbörse immer bei sich. Beim Bezahlen geben Sie der Bedienung das Geld oder die Kreditkarte zusammen mit dem Zettel. Sie wird sofort verstehen, was Sie haben möchten.

DIE ZAHLMEISTER AM TISCH

Die Solidarität bei Tisch endet früher als man denkt. Der Kampf ums Bezahlen ist vorprogrammiert und beginnt, sobald die Bedienung die Rechnung bringt. Einer der Anwesenden nimmt ihr schnell die Rechnung ab und legt sie auf den Tisch, um das Portemonnaie aus der Hosentasche zu ziehen. Diesen Moment nutzen andere sofort aus und versuchen, die Rechnung an sich zu nehmen. Derjenige, der die Rechnung als Erster in der Hand hielt, versucht, sie zurückzuerobern. Die Rechnung wandert von Hand zu Hand; jetzt beginnt der Kampf ums Bezahlen offiziell. Jeder versucht weiter, sich die Rechnung zu schnappen und zählt Gründe auf, warum er diesmal unbedingt bezahlen muss. Diese Diskussion dauert eine Weile. Die Personen, die sich nicht am Kampf beteiligen (wollen), schauen der Szene lächelnd zu, oder sie unterhalten sich ganz gelassen weiter.

Während des ganzen Tumults haben nun alle Zahlungswilligen den Betrag auf der Rechung gesehen. Damit beginnt die zweite Runde des

Kampfes. Ein Mann steckt der Bedienung Geldscheine zu. Ein Anderer reißt ihr die Scheine wieder aus der Hand, schiebt sie zum ersten Mann zurück und steckt der Bedienung eigene Geldscheine zu. Auch diese Runde dauert eine Weile. Wenn man sich vorher nicht abspricht, kann das Gerangel locker bis zu einer halben Stunde in Anspruch nehmen.

Warum sind Chinesen so wild darauf zu bezahlen? Es hat wahrscheinlich mit der Wahrung des Gesichts zu tun. Wenn jemand durch seine Einladung mehr Ansehen gewinnen will, stellt er sich damit selbst unter Zahlungszwang. Zum Glück denken nicht alle Chinesen so. Meistens wird vorher abgesprochen, wer eine Runde übernimmt, oder wie man allgemein die Bezahlung am besten regelt, ansonsten herrscht zum Ende des Essens nur Chaos. Aber wenn auch nur ein einziger, hartnäckiger „Zahlmeister" am Tisch sitzt, der sich nicht an die Absprache hält, kann schon alles schief gehen.

Eine Gruppe älterer Herrschaften, Mittsechziger, trifft sich regelmäßig zum Essen. Vorher sprechen sie ab, wer welche Runde bezahlen darf. Nun passierte es einmal, dass sich ein Herr am Ende des Essens vordrängelte und unbedingt die Rechnung übernehmen wollte, wofür eigentlich ein anderer Mann zuständig gewesen wäre. Aber nein, der Herr fühlte sich in der Gesellschaft so vieler, guter Freunde ungemein wohl und bestand darauf. Trotz aller Versuche der Anwesenden änderte er seine Meinung nicht. Na gut, die Anderen gaben nach und respektierten seinen Entschluss. Als er sich endlich durchgesetzt hatte, merkte der „Zahlmeister", dass er seinen Geldbeutel zu Hause vergessen hatte. Oh je – das war dumm gelaufen! Kein Problem, seine liebe Gattin solle die Rechung übernehmen, so ordnete er an. Die alte Dame saß neben ihm und antwortete eiskalt mit einem einzigen Wort: „Nein".

Warum bezahlte die gute Frau nicht? Warum ließ sie es zu, dass ihr Mann vor allen Anderen sein Gesicht verlor? Die Lage war ihrem Mann doch tatsächlich peinlich! Sie erklärte, dass ihr Mann oft genug solche Aktionen veranstaltete. Sie selber sei der Meinung, wenn etwas schon abgesprochen sei, dann solle sich auch jeder daran halten. Daher weigere sie sich, ihm dieses Mal aus dem Dilemma zu helfen.

Deutsche Besucher werden in China generell eingeladen; nach chinesischem Brauch ist das die Pflicht des Gastgebers. Solche Einladungen dürfen Sie ruhig annehmen. Sie können später zum Ausgleich Ihren Gastgeber zu einem Umtrunk in eine Kneipe einladen.

Als Lieferant sollten Sie Ihren Partner oder Kunden auch ab und zu zum Essen einladen. Lassen Sie das von Ihren chinesischen Mitarbeitern organisieren. Wenn Sie alleine vor Ort sind, sprechen Sie Ihre Einladung sehr nachdrücklich aus. Kennen Sie sich vor Ort nicht gut aus, fragen Sie ruhig die Gäste, welche Örtlichkeit dafür geeinigt ist. Wenn Sie keine chinesische Speisekarte lesen können, laden Sie die Gäste dazu ein, das Essen für Sie zu bestellen. Sie werden Ihnen gerne helfen. Bevor das Essen zu Ende geht, verlassen Sie unauffällig den Tisch und bezahlen Sie direkt an der Kasse. Lassen Sie bloß nicht die Rechnung an den Tisch kommen! Finden Sie auf jeden Fall vorher heraus, ob das Restaurant ausländische Kreditkarten akzeptiert. Ansonsten bringen Sie genügend Bargeld mit.

Einigen jungen Deutschen, die länger in China arbeiteten, erzählten die chinesischen Kollegen, dass der, der mehr verdient, auch bezahlt. Es mag schon sein, dass diese Aussage ab und zu stimmt, und manche Chinesen halten es auch so, jedoch nicht alle. Der Zahlmeister im obigen Fall wäre der „große Bruder“ der Gruppe, also der Gruppen-Anführer. Wenn Ihnen die Anderen nicht ausreichend Respekt erweisen, sollten Sie nicht bezahlen – wenn Sie nicht mögen, dann tun Sie es auch nicht. Üblich ist, dass der besser Verdienende auf freiwilliger Basis eine oder zwei Mal öfter die Rechnung übernimmt als die Anderen.

TRINKGELD

Grundsätzlich ist Trinkgeld in China nicht üblich. In 4- oder 5-Sterne Hotels erwarten die Hotelpagen nur deshalb Trinkgeld von westlichen Gästen, weil sie es von ihnen so gewohnt sind. In Deutschland ist Trinkgeld eine nette Geste. In China sollten Sie es unterlassen, einfach weil es nicht Sitte ist. Man gibt generell kein Trinkgeld, weder im Hotel oder Restaurant, noch im Café oder der Kneipe, auch nicht dem Zimmermädchen oder dem Taxifahrer. Im Restaurant sind 10 oder 15% Trinkgeld (service charge) bereits in der Rechnung enthalten. Wenn Sie sich bedanken wollen, lächeln Sie die betreffende Person kurz und freundlich an und sagen Sie :„xiexie“(谢谢) – das bedeutet „Vielen Dank“ auf chinesisch.

Fazit

Ihre Bemühungen, sich über Land und Leute im Reich der Mitte zu informieren und diesen so fremden Kulturkreis besser verstehen zu lernen, ist die erste und wichtigste Voraussetzung für eine gute Zusammenarbeit. Bleiben Sie auf alle Fälle immer aufgeschlossen. Bewahren Sie Ihren eigenen Stil, und verhalten Sie sich natürlich. Kein Chinese erwartet von Ihnen, sich ganz genau wie ein Chinese zu benehmen. Sie freuen sich jedoch darüber, wenn Sie Rücksicht und Verständnis auf kulturspezifische Besonderheiten nehmen. Sollte eine Sache nicht so laufen, wie Sie es sich vorgestellt haben, dann regen Sie sich nicht gleich auf. Ein chinesisches Gesundheitsrezept lautet: einatmen, ausatmen und lächeln. Wenn das auch nicht hilft, gehen Sie spazieren, trinken Sie eine Flasche Tsingdao (chinesisches Bier) und legen Sie sich schlafen. Am nächsten Morgen sieht man eine schwierige Situation oft in einem ganz anderen Licht.

Literaturverzeichnis

Pohl, Karl-Heinz: China für Anfänger – Eine faszinierende Welt entdecken, Breisgau, 2004, S.71-94

Liang, Yong: Höflichkeit im Chinesischen – Geschichte-Konzept-Handlungsmuster, München, 1998, S.43-87

Hattstein, Markus: Weltreligion – Hinduismus, Buddhismus, Religionen Chinas und Japans, Judentum, Christentum, Islam, Bonn, 2005, S.40-47

Yang, Zhanao: Konfuzianismus, Gastvortrag in der 90. Sitzung der Humboldt-Gesellschaft, Berlin, 1999

Barmeyer, Christoph I./Davonie, Eric: Interkulturelle Zusammenarbeit und Führung in internationalen Teams: Das Beispiel Deutschland – Frankreich, ZFO 1/2006, S.35-39

Behrendt, Bettina: „Die Ähnlichkeitsfalle im Kontakt zwischen benachbarten Kulturen – Eine Untersuchung am Beispiel Deutschland – Dänemark", 2005, S.14

ASIEN BESSER VERSTEHEN

Interkulturelle Seminare
Projektberatung

Wer die Spielregeln des asiatischen Marktes beherrscht, dem ist der Erfolg garantiert.

www.huang-jaumann.de

黃道歐盟工作室
HUANG+JAUMANN

Huang + Jaumann Wirtschaftsbüro
Bauerntanzgässchen 1
D-86150 Augsburg
Fon: +49 (0)821 - 319 98 40
www.huang-jaumann.de

Weitere Bücher von Joanne Huang

„Unternehmensführung und Projektmanagement in China“

September 2015, 1. Auflage
Hardcover, 234 Seiten
ISBN 978-3863296704
45 Euro
Symposion Publishing, Düsseldorf
www.symposion.de

„Optimierung des globalen Projektmanagements: Methoden und Instrumente“

Dezember 2015, 1. Aufgabe
ISBN 978-3658112615
Taschenbuch 9,99 Euro
eBook 4,99 Euro.
Springer Gabler, Wiesbaden
www.springer.com

FSC
www.fsc.org
MIX
Papier aus verantwortungsvollen Quellen
Paper from responsible sources
FSC® C105338